裁判所データブック２０２１　目次

第１部　組織関係

第１部　組　織　関　係

1　裁判所の組織

憲法７６条１項では，「すべて司法権は，最高裁判所及び法律の定めるところにより設置する下級裁判所に属する。」と定められています。この規定を受け，裁判所法が，下級裁判所として高等裁判所，地方裁判所，家庭裁判所及び簡易裁判所の４種類の裁判所を設け（裁判所法２条１項），それぞれの裁判所が扱う事件を定めています。そして，下級裁判所の設立及び管轄区域に関する法律により，具体的な下級裁判所の名称，所在地及び管轄区域が定められています。

また，検察審査会法１条では，「政令で定める地方裁判所及び地方裁判所支部の所在地に検察審査会を置く。」と定められています。この規定を受け，検察審査会の名称及び管轄区域等を定める政令により，検察審査会を置くべき地方裁判所及び地方裁判所支部並びに検察審査会の名称及び管轄区域が定められています。

§１　裁判所の種類及び数並びに検察審査会の数

（令和3.7.1現在）

種類	区分	数	計
最高裁判所			1
高等裁判所	本　庁		8
	支　部		6　（注１）
地方裁判所	本　庁		50
	支　部		203　（注２）
家庭裁判所	本　庁		50　（注３）
	支　部		203　（注４）
	出　張　所		77
簡易裁判所	地方裁判所本庁又は支部に併置された簡易裁判所	253	438
	その他の簡易裁判所（独立簡易裁判所）	185	

種類	区分	数	計
検察審査会	地方裁判所本庁所在地	67（注５）	165
	地方裁判所支部所在地	98	

（注）
1　６支部のほか，東京高等裁判所には，特別の支部として，知的財産高等裁判所が置かれている。
2　合議事件を取り扱う支部　６３庁
3　所長専任庁である家裁　２６庁
4 (1) 少年法で定める少年の保護事件の審判に関する事務を取り扱う支部　１０２庁
　(2) 合議事件を取り扱う支部　６３庁
5　東京には６庁，大阪には４庁，横浜には３庁，さいたま，千葉，京都，神戸，名古屋，広島及び福岡には各２庁

§2　下級裁判所及び検察審査会の名称

凡　例

(1)　地方裁判所・家庭裁判所の本庁欄中「◎」は，家庭裁判所について所長専任庁であることを示す。

(2)　簡易裁判所の欄中「×」は，事務移転庁であることを示す。

(3)　合議事件欄は，その管内の民事事件，刑事事件，家事事件及び少年事件の合議事件を取り扱う地方裁判所・家庭裁判所の本庁又は支部を示す。

ただし，裁判員裁判対象事件は，地方裁判所の本庁，東京地方裁判所立川支部，横浜地方裁判所小田原支部，静岡地方裁判所沼津支部，静岡地方裁判所浜松支部，長野地方裁判所松本支部，大阪地方裁判所堺支部，神戸地方裁判所姫路支部，名古屋地方裁判所岡崎支部，福岡地方裁判所小倉支部及び福島地方裁判所郡山支部のみで取り扱い，その他の支部では取り扱わない。

(4)　少年事件欄は，その管内の少年法で定める少年の保護事件の審判に関する事務を取り扱う家庭裁判所の本庁又は支部を示す。

(5)　各高等裁判所，地方裁判所及び家庭裁判所の支部，家庭裁判所の出張所並びに検察審査会は，簡易裁判所欄記載の簡易裁判所の管轄区域をその管轄区域としている。

（令和3.7.1現在）

高等裁判所		地方・家庭裁判所			簡易裁判所	合議事件	少年事件	検察審査会
本庁	支部	本庁	支部	家裁出張所				
東京	知的財産高等裁判所（注1）							
		東京◎			東京	東京	東京	東京第一 東京第二 東京第三 東京第四 東京第五 東京第六
				八丈島	八丈島			
				伊豆大島	伊豆大島　新島			
			立川		立川　八王子　武蔵野　青梅　町田	立川	立川	立川
		横浜◎			横浜　神奈川　保土ケ谷　鎌倉　藤沢	横浜	横浜	横浜第一 横浜第二 横浜第三
			相模原		相模原		相模原	
			川崎		川崎	川崎	川崎	
			横須賀		横須賀	横須賀	横須賀	横須賀
			小田原		小田原　平塚　厚木	小田原	小田原	小田原
		さいたま◎			さいたま　川口　大宮	さいたま	さいたま	さいたま第一 さいたま第二
				久喜	久喜			
			越谷		越谷			
			川越		川越　所沢	川越	川越	川越
				飯能	飯能			
			熊谷		熊谷　本庄	熊谷	熊谷	熊谷
			秩父		秩父			
		千葉◎			千葉	千葉	千葉	千葉第一 千葉第二
				市川	市川			
			佐倉		佐倉			
			一宮		千葉一宮			
			松戸		松戸	松戸	松戸	松戸
			木更津		木更津	木更津	木更津	木更津
			館山		館山			
			八日市場		八日市場　銚子　東金	八日市場	八日市場	八日市場
			佐原		佐原			
		水戸◎			水戸　笠間　常陸太田	水戸	水戸	水戸
			日立		日立			
			土浦		土浦　石岡	土浦	土浦	土浦
			龍ケ崎		龍ケ崎　取手			

高等裁判所		地方・家庭裁判所			簡易裁判所	合議事件	少年事件	検察審査会
本庁	支部	本庁	支部	家裁出張所				
東京		水戸◎	麻生		麻生(あそう)	土浦	土浦	土浦
			下妻		下妻(しもつま)　下館(しもだて)　古河(こが)	下妻	下妻	下妻
		宇都宮◎			宇都宮(うつのみや)	宇都宮	宇都宮	宇都宮
			真岡		真岡(もおか)			
			大田原		大田原(おおたわら)			大田原
			栃木		栃木(とちぎ)　小山(おやま)	栃木	栃木	栃木
			足利		足利(あしかが)		足利	足利
		前橋◎			前橋(まえばし)　伊勢崎(いせさき)	前橋	前橋	前橋
				中之条	中之条(なかのじょう)			
			沼田		沼田(ぬまた)			
			太田		太田(おおた)　館林(たてばやし)		太田	太田
			桐生		桐生(きりゅう)			
			高崎		高崎(たかさき)　藤岡(ふじおか)　群馬富岡(ぐんまとみおか)	高崎	高崎	高崎
		静岡◎			静岡(しずおか)　清水(しみず)	静岡	静岡	静岡
				島田	島田(しまだ)			
			沼津		沼津(ぬまづ)　三島(みしま)	沼津	沼津	沼津
				熱海	熱海(あたみ)			
			富士		富士(ふじ)			
			下田		下田(しもだ)			
			浜松		浜松(はままつ)	浜松	浜松	浜松
			掛川		掛川(かけがわ)			
		甲府			甲府(こうふ)　鰍沢(かじかざわ)	甲府	甲府	甲府
			都留		都留(つる)　富士吉田(ふじよしだ)		都留	
		長野			長野(ながの)	長野	長野	長野
				飯山	飯山(いいやま)			
			上田		上田(うえだ)	上田	上田	上田
			佐久		佐久(さく)			
			松本		松本(まつもと)	松本	松本	松本
				木曽福島	木曽福島(きそふくしま)			
				大町	大町(おおまち)			
			諏訪		諏訪(すわ)　岡谷(おかや)		諏訪	
			飯田		飯田(いいだ)	飯田	飯田	飯田
			伊那		伊那(いな)		伊那	
		新潟◎			新潟(にいがた)　新津(にいつ)	新潟	新潟	新潟
			三条		三条(さんじょう)			
			新発田		新発田(しばた)		新発田	新発田
				村上	村上(むらかみ)			
			佐渡		佐渡(さど)		佐渡	佐渡
			長岡		長岡(ながおか)	長岡	長岡	長岡
				十日町	十日町(とおかまち)			

高等裁判所		地方・家庭裁判所			簡易裁判所	合議事件	少年事件	検察審査会
本庁	支部	本庁	支部	家裁出張所				
東京		新潟◎	長岡	柏崎	柏崎（かしわざき）	長岡	長岡	長岡
				南魚沼	南魚沼（みなみうおぬま）			
			高田		高田（たかだ）	高田	高田	高田
				糸魚川	糸魚川（いといがわ）			
計	1	１１（◎９）	46	16	107	31	39	44
大阪		大阪◎			大阪（おおさか） 大阪池田（おおさかいけだ） 豊中（とよなか） 吹田（すいた） 茨木（いばらき）	大阪	大阪	大阪第一 大阪第二 大阪第三 大阪第四
					東大阪（ひがしおおさか） 枚方（ひらかた）			
			堺		堺（さかい） 富田林（とんだばやし） 羽曳野（はびきの）	堺	堺	堺
			岸和田		岸和田（きしわだ） 佐野（さの）			岸和田
		京都◎			京都（きょうと） 伏見（ふしみ） 右京（うきょう） 向日町（むこうまち） 木津（きづ） 宇治（うじ）	京都	京都	京都第一 京都第二
			園部		園部（そのべ） 亀岡（かめおか）			
			舞鶴		舞鶴（まいづる）	舞鶴	舞鶴	舞鶴
			宮津		宮津（みやづ） 京丹後（きょうたんご）			宮津
			福知山		福知山（ふくちやま）			舞鶴
		神戸◎			神戸（こうべ）	神戸	神戸	神戸第一 神戸第二
			明石		明石（あかし）			
			伊丹		伊丹（いたみ）			伊丹
			柏原		柏原（かいばら） 篠山（ささやま）			
			洲本		洲本（すもと）		洲本	神戸第一 神戸第二
			尼崎		尼崎（あまがさき） 西宮（にしのみや）	尼崎	尼崎	
			姫路		姫路（ひめじ） 加古川（かこがわ）	姫路	姫路	姫路
			社		社（やしろ）			
			龍野		龍野（たつの）			
			豊岡		豊岡（とよおか）	豊岡	豊岡	豊岡
				浜坂	浜坂（はまさか）			
		奈良			奈良（なら）	奈良	奈良	奈良
			葛城		葛城（かつらぎ） 宇陀（うだ）	葛城	葛城	葛城
			五條		五條（ごじょう）		五條	
				吉野	吉野（よしの）			
		大津			大津（おおつ） 甲賀（こうか）	大津	大津	大津
				高島	高島（たかしま）			
			彦根		彦根（ひこね） 東近江（ひがしおうみ）			彦根
			長浜		長浜（ながはま）			長浜
		和歌山			和歌山（わかやま） 湯浅（ゆあさ）	和歌山	和歌山	和歌山
				妙寺	妙寺（みょうじ） 橋本（はしもと）			
			御坊		御坊（ごぼう）		田辺	
			田辺		田辺（たなべ） 串本（くしもと）	田辺		田辺
			新宮		新宮（しんぐう）		新宮	
計		６（◎３）	22	4	57	13	16	22

高等裁判所		地方・家庭裁判所			簡易裁判所	合議事件	少年事件	検察審査会
本庁	支部	本庁	支部	家裁出張所				
名古屋		名古屋◎			名古屋　春日井　瀬戸　津島	名古屋	名古屋	名古屋第一 名古屋第二
			半田		半田			半田
			一宮		一宮　犬山	一宮	一宮	一宮
			岡崎		岡崎　安城　豊田	岡崎	岡崎	岡崎
			豊橋		豊橋　新城	豊橋	豊橋	豊橋
		津			津　鈴鹿	津	津	津
			松阪		松阪			
			伊賀		伊賀			伊賀
			伊勢		伊勢			伊勢
			熊野		熊野		熊野	津
				尾鷲	尾鷲			
			四日市		四日市　桑名	四日市	四日市	四日市
		岐阜			岐阜	岐阜	岐阜	岐阜
				郡上	郡上			
			多治見		多治見			多治見
				中津川	中津川			
			御嵩		御嵩			
			大垣		大垣		大垣	大垣
			高山		高山		高山	岐阜
		福井			福井　大野	福井	福井	福井
			武生		武生			
			敦賀		敦賀		敦賀	
				小浜	小浜			
	金沢	金沢◎			金沢	金沢	金沢	金沢
			小松		小松			
			七尾		七尾			
			輪島		輪島		七尾	七尾
				珠洲	珠洲			
		富山			富山	富山	富山	富山
			魚津		魚津			
			高岡		高岡	高岡	高岡	高岡
				砺波	砺波			
計	1	6（◎2）	20	6	42	11	16	18
広島		広島◎			広島　東広島　可部　大竹	広島	広島	広島第一 広島第二
			三次		三次　庄原		三次	三次
			呉		呉　竹原	呉	呉	呉
			福山		福山　府中	福山	福山	福山
			尾道		尾道		尾道	尾道
		山口◎			山口　防府	山口	山口	山口

高等裁判所		地方・家庭裁判所			簡易裁判所	合議事件	少年事件	検察審査会
本庁	支部	本庁	支部	家裁出張所				
広島		山口◎	宇部		宇部（うべ）	山口	山口	山口
				船木	船木（ふなき）			
			周南		周南（しゅうなん）			周南
			萩		萩（はぎ）　長門（ながと）			萩
			岩国		岩国（いわくに）	岩国	岩国	岩国
				柳井	柳井（やない）			
			下関		下関（しものせき）	下関	下関	下関
	岡山	岡山◎			岡山（おかやま）　高梁（たかはし）	岡山	岡山	岡山
				玉野	玉野（たまの）			
				児島	児島（こじま）			
			倉敷		倉敷（くらしき）			倉敷
				玉島	玉島（たましま）			
				笠岡	笠岡（かさおか）			
			新見		新見（にいみ）			岡山
			津山		津山（つやま）　勝山（かつやま）		津山	津山
	松江	鳥取			鳥取（とっとり）	鳥取	鳥取	鳥取
			倉吉		倉吉（くらよし）			
			米子		米子（よなご）	米子	米子	米子
		松江			松江（まつえ）	松江	松江	松江
				雲南	雲南（うんなん）			
			出雲		出雲（いずも）			
			浜田		浜田（はまだ）			
				川本	川本（かわもと）			
			益田		益田（ますだ）			
			西郷		西郷（さいごう）			西郷
計	2	5（◎3）	18	8	41	10	13	18
福岡		福岡◎			福岡（ふくおか）　宗像（むなかた）	福岡	福岡	福岡第一 福岡第二
				甘木	甘木（あまぎ）			
			飯塚		飯塚（いいづか）	飯塚	飯塚	飯塚
			直方		直方（のおがた）			
			田川		田川（たがわ）			
			久留米		久留米（くるめ）　うきは	久留米	久留米	久留米
			八女		八女（やめ）			
			柳川		柳川（やながわ）			柳川
			大牟田		大牟田（おおむた）			
			小倉		小倉（こくら）　折尾（おりお）	小倉	小倉	小倉
			行橋		行橋（ゆくはし）			
		佐賀			佐賀（さが）　鳥栖（とす）	佐賀	佐賀	佐賀
			武雄		武雄（たけお）			
				鹿島	鹿島（かしま）			

高等裁判所		地方・家庭裁判所			簡易裁判所	合議事件	少年事件	検察審査会
本庁	支部	本庁	支部	家裁出張所				
		佐賀	武雄		伊万里(いまり)	佐賀	唐津	佐賀
			唐津		唐津(からつ)			
		長崎◎			長崎(ながさき)	長崎	長崎	長崎
			大村		大村(おおむら)			
				諫早	諫早(いさはや)			
			島原		島原(しまばら)			
			五島		五島(ごとう)		五島	五島
				新上五島	新上五島(しんかみごとう)			
			厳原		厳原(いづはら)		厳原	厳原
				上県	上県(かみあがた)			
			佐世保		佐世保(させぼ)	佐世保	佐世保	佐世保
			平戸		平戸(ひらど)			
			壱岐		壱岐(いき)		壱岐	厳原
		大分			大分(おおいた) 別府(べっぷ) 臼杵(うすき)	大分	大分	大分
			杵築		杵築(きつき)			
	宮崎		佐伯		佐伯(さいき)			
			竹田		竹田(たけた)			
			中津		中津(なかつ)	中津	中津	中津
				豊後高田	豊後高田(ぶんごたかだ)			
			日田		日田(ひた)			大分
福岡		熊本◎			熊本(くまもと) 宇城(うき)	熊本	熊本	熊本
				御船	御船(みふね)			
			阿蘇		阿蘇(あそ)			
				高森	高森(たかもり)			
			玉名		玉名(たまな) 荒尾(あらお)			
			山鹿		山鹿(やまが)			
			八代		八代(やつしろ)		八代	八代
				水俣	水俣(みなまた)			
			人吉		人吉(ひとよし)			
			天草		天草(あまくさ)		天草	熊本
				牛深	牛深(うしぶか)			
	宮崎	鹿児島			鹿児島(かごしま) 伊集院(いじゅういん)	鹿児島	鹿児島	鹿児島
				種子島	種子島(たねがしま)			
				屋久島	屋久島(やくしま)			
			知覧		知覧(ちらん) 加世田(かせだ)			
				指宿	指宿(いぶすき)			
			加治木		加治木(かじき)			
				大口	大口(おおくち)			
			川内		川内(せんだい) 出水(いずみ) 甑島(こしきじま)			
			鹿屋		鹿屋(かのや) 大隅(おおすみ)			鹿屋

高等裁判所		地方・家庭裁判所			簡易裁判所	合議事件	少年事件	検察審査会
本庁	支部	本庁	支部	家裁出張所				
福岡	宮崎		名瀬		名瀬	名瀬	名瀬	名瀬
				徳之島	徳之島			
		宮崎			宮崎　西都	宮崎	宮崎	宮崎
			日南		日南			
			都城		都城　小林		都城	都城
					延岡			
			延岡	日向	日向	延岡	延岡	延岡
				高千穂	高千穂			
	那覇	那覇◎			那覇	那覇	那覇	那覇
			名護		名護		名護	
			沖縄		沖縄	沖縄	沖縄	
			平良		平良	平良	平良	平良
			石垣		石垣	石垣	石垣	石垣
計	2	8（◎4）	41	17	82	18	26	24
仙台		仙台◎			仙台	仙台	仙台	仙台
			大河原		大河原			
			古川		古川　築館		古川	古川
			登米		登米			
			石巻		石巻		石巻	仙台
			気仙沼		気仙沼			
		福島◎			福島	福島	福島	福島
			相馬		相馬		相馬	
			郡山		郡山		郡山	郡山
			白河		白河	郡山	白河	
				棚倉	棚倉			
			会津若松		会津若松	会津若松	会津若松	会津若松
				田島	田島			
			いわき		いわき　福島富岡×（注2）	いわき	いわき	いわき
		山形			山形	山形	山形	山形
			新庄		新庄			
					米沢			
			米沢	赤湯	赤湯		米沢	米沢
				長井	長井			
	秋田		鶴岡		鶴岡	鶴岡	鶴岡	鶴岡
			酒田		酒田		酒田	酒田
		盛岡			盛岡	盛岡	盛岡	盛岡
			花巻		花巻			
			二戸		二戸			二戸
				久慈	久慈			
			遠野		遠野　釜石			盛岡

高等裁判所		地方・家庭裁判所			簡易裁判所	合議事件	少年事件	検察審査会
本庁	支部	本庁	支部	家裁出張所				
仙台		盛岡	宮古		宮古（みやこ）	盛岡	宮古	盛岡
			一関		一関（いちのせき）		一関	一関
				大船渡	大船渡（おおふなと）			
			水沢		水沢（みずさわ）			
	秋田	秋田			秋田（あきた）　男鹿（おが）	秋田	秋田	秋田
			本荘		本荘（ほんじょう）			
			能代		能代（のしろ）			能代
			大館		大館（おおだて）	大館	大館	大館
				鹿角	鹿角（かづの）			
			大曲		大曲（おおまがり）	大曲	大曲	大曲
				角館	角館（かくのだて）			
			横手		横手（よこて）　湯沢（ゆざわ）		横手	
		青森			青森（あおもり）	青森	青森	青森
				むつ	むつ			
				野辺地	野辺地（のへじ）			
	秋田		弘前		弘前（ひろさき）	弘前	弘前	弘前
			五所川原		五所川原（ごしょがわら）　鰺ヶ沢（あじがさわ）			
			八戸		八戸（はちのへ）	八戸	八戸	八戸
			十和田		十和田（とわだ）			
計	1	6（◎2）	29	10	51（×1）	14	23	20
札幌		札幌◎			札幌（さっぽろ）	札幌	札幌	札幌
			浦河		浦河（うらかわ）			
				静内	静内（しずない）		苫小牧	
			苫小牧		苫小牧（とまこまい）	室蘭		室蘭
			室蘭		室蘭（むろらん）　伊達（だて）		室蘭	
			岩見沢		岩見沢（いわみざわ）	岩見沢	岩見沢	岩見沢
				夕張	夕張（ゆうばり）			
			滝川		滝川（たきかわ）			
			小樽		小樽（おたる）	小樽	小樽	小樽
			岩内		岩内（いわない）			
		函館			函館（はこだて）	函館	函館	函館
				松前	松前（まつまえ）			
				八雲	八雲（やくも）			
				寿都	寿都（すっつ）			
			江差		江差（えさし）			
		旭川			旭川（あさひかわ）	旭川	旭川	旭川
				深川	深川（ふかがわ）			
				富良野	富良野（ふらの）			
			留萌		留萌（るもい）			
			稚内		稚内（わっかない）			

高等裁判所		地方・家庭裁判所			簡易裁判所	合議事件	少年事件	検察審査会
本庁	支部	本庁	支部	家裁出張所				
札幌		旭川	稚内	天塩	天塩	旭川	旭川	旭川
			紋別		紋別			
			名寄		名寄			
				中頓別	中頓別			
		釧路			釧路	釧路	釧路	釧路
			根室		根室			
				標津	標津			
			帯広		帯広	帯広	帯広	帯広
				本別	本別			
			北見		北見	北見	北見	北見
				遠軽	遠軽			
			網走		網走			
計		4（◎1）	16	12	33	9	10	9
高松		高松◎			高松	高松	高松	高松
				土庄	土庄			
			丸亀		丸亀　善通寺	丸亀	丸亀	丸亀
			観音寺		観音寺			
		徳島			徳島　鳴門　吉野川	徳島	徳島	徳島
			阿南		阿南			
				牟岐	牟岐			
			美馬		美馬		美馬	美馬
				池田	徳島池田			
		高知			高知	高知	高知	高知
			安芸		安芸			
			須崎		須崎			
			中村		中村		中村	
		松山◎			松山	松山	松山	松山
			大洲		大洲　八幡浜			大洲
			今治		今治			今治
			西条		西条　新居浜　四国中央	西条	西条	西条
			宇和島		宇和島	宇和島	宇和島	宇和島
				愛南	愛南			
計		4（◎2）	11	4	25	7	9	10

(注1)　知的財産高等裁判所は，平成１７年４月１日に知的財産高等裁判所設置法に基づき東京高等裁判所に特別の支部として設置された裁判所であり，同裁判所では東京高等裁判所の管轄に属する事件のうち，知的財産に関する事件を取り扱う（同法第２条）。

(注2)　福島富岡簡易裁判所の事務のうち，刑事事件に関する事務をいわき簡易裁判所が，民事事件に関する事務を含むその余の事務を郡山簡易裁判所が，それぞれ取り扱う。

§ 3　裁判所機構図

裁判所の機構は，日本国憲法や裁判所法などの各種法令に基づき定められており，大別すると，裁判部門と司法行政部門に分けられます。裁判部門では，裁判官が合議制又は一人制で各種の事件（民事事件，刑事事件，家事事件，少年事件）を審理裁判します。司法行政部門では，意思決定機関である裁判官会議のもと，これを補佐する機関として事務総局や事務局（総務課，人事課，会計課等），研修所などが設置され，裁判事務の合理的，効率的な運用を図るため，人や設備などの面で裁判部門を支援する事務を行っています。このほか，司法行政に関する事項について調査審議する各種の委員会が設置されています。

－　裁判部門　－

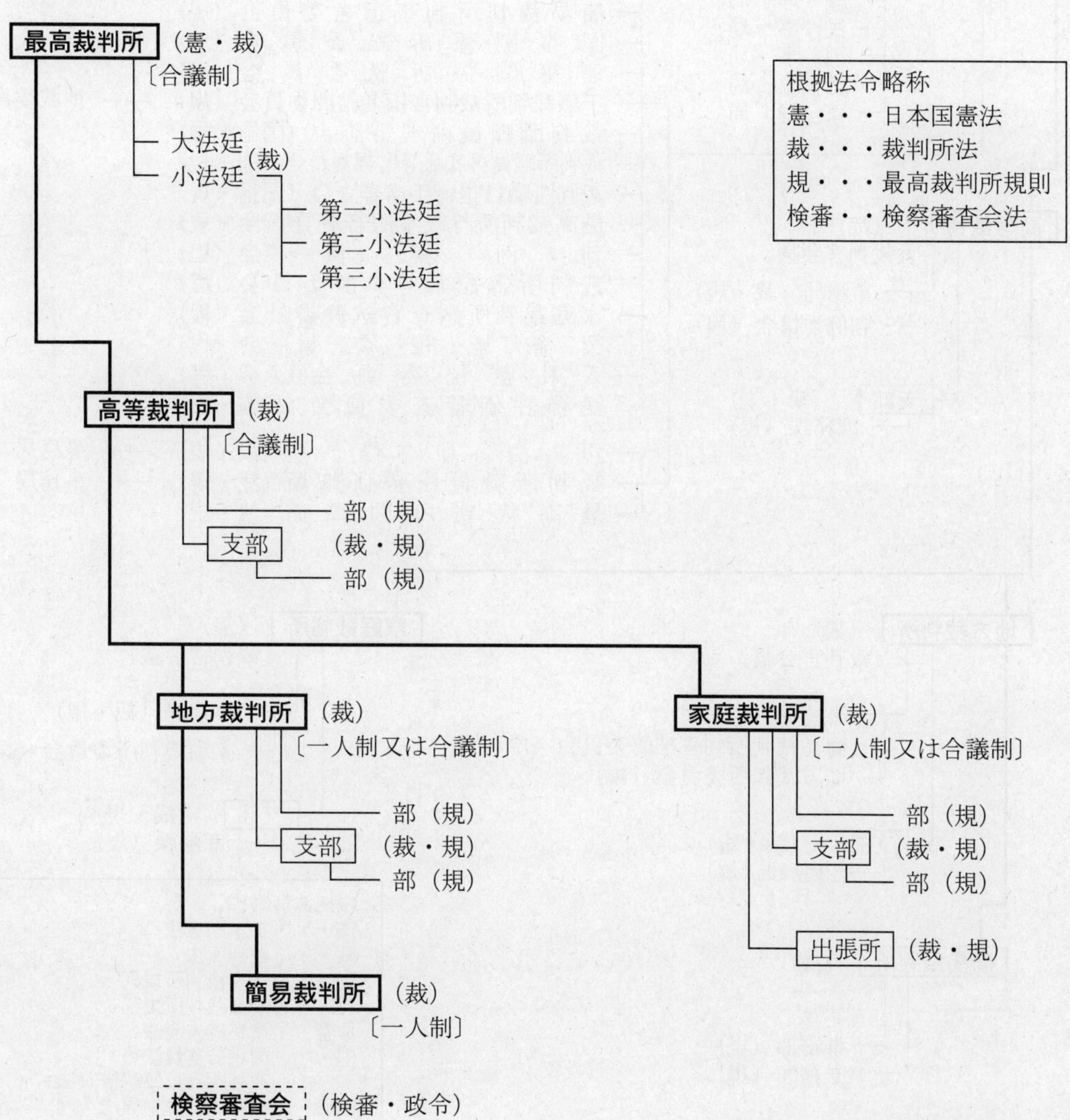

（注）特別の支部として，東京高等裁判所に知的財産高等裁判所が設けられている（知的財産高等裁判所設置法）。

－　司法行政部門　－

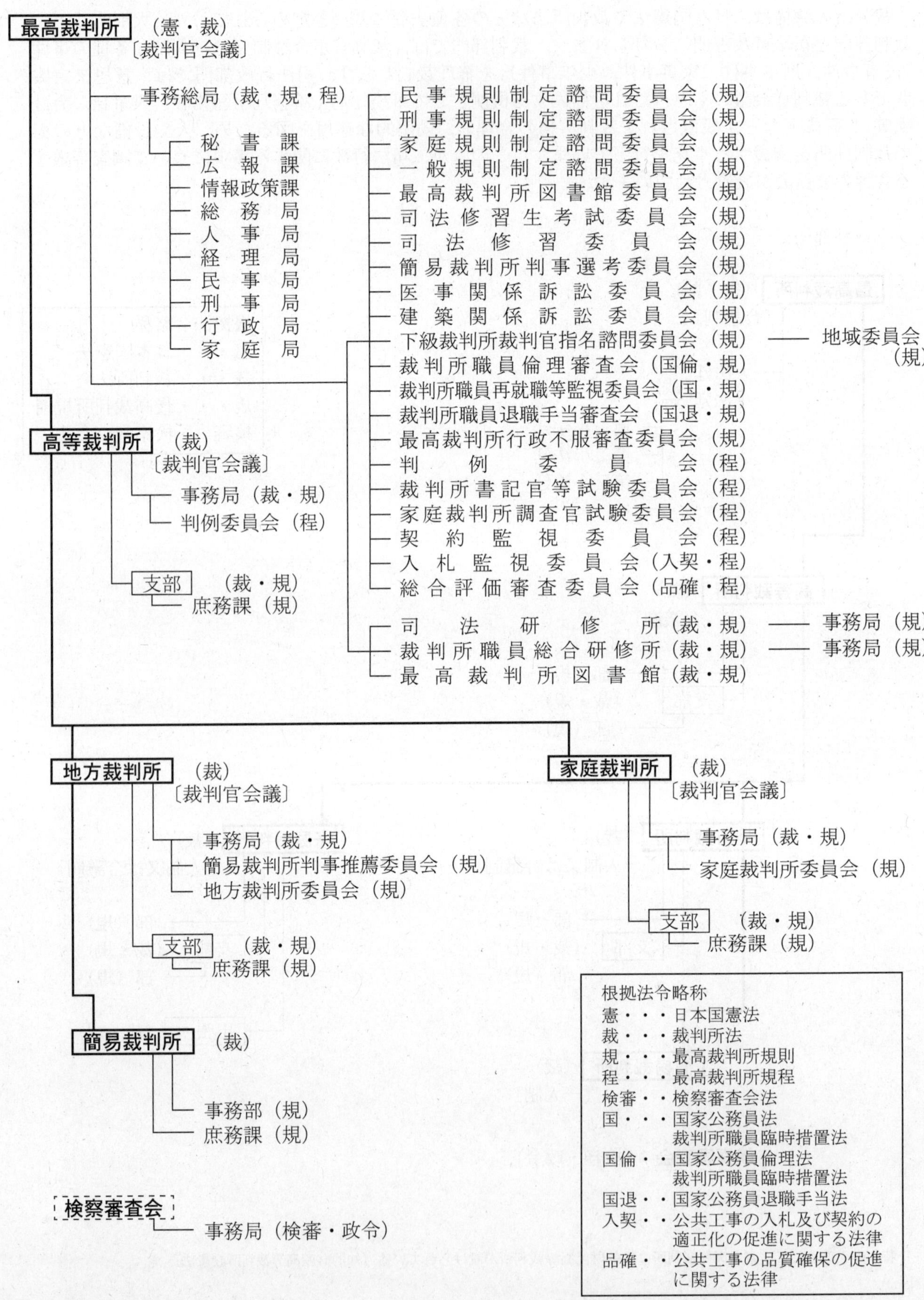

（注）　知的財産高等裁判所には，「知的財産高等裁判所に勤務する裁判官の会議」，「知的財産高等裁判所事務局」が置かれている（知的財産高等裁判所設置法）。

§４　裁判所審級図

裁判所における訴訟手続には，第一審，第二審，第三審の三つの審級が設けられています。原則として，第一審の裁判所の判決に不服のある当事者は，第二審の裁判所に不服申立て（控訴）をすることができ，第二審の裁判所（控訴審）の判決に不服のある当事者は，更に第三審の裁判所（上告審）に不服申立て（上告）をすることができます。上告審では，原則として，新たに事実を認定し直すことはなく，法律上の問題（憲法違反又は法令違反の有無）を審理します。

このように，異なる審級の裁判所に事件を審理させ，第三審までの不服申立てを認める制度を三審制度といいます。訴訟手続以外の家事事件や少年事件における審判手続においても，抗告，特別抗告等といった三審構造がとられています。

地裁民事・行政事件，簡裁民事事件，人事訴訟事件，刑事事件，家事事件，少年事件の各事件別の審級については，(1)～(8)のとおりとなっています。

(1)　地裁民事・行政事件

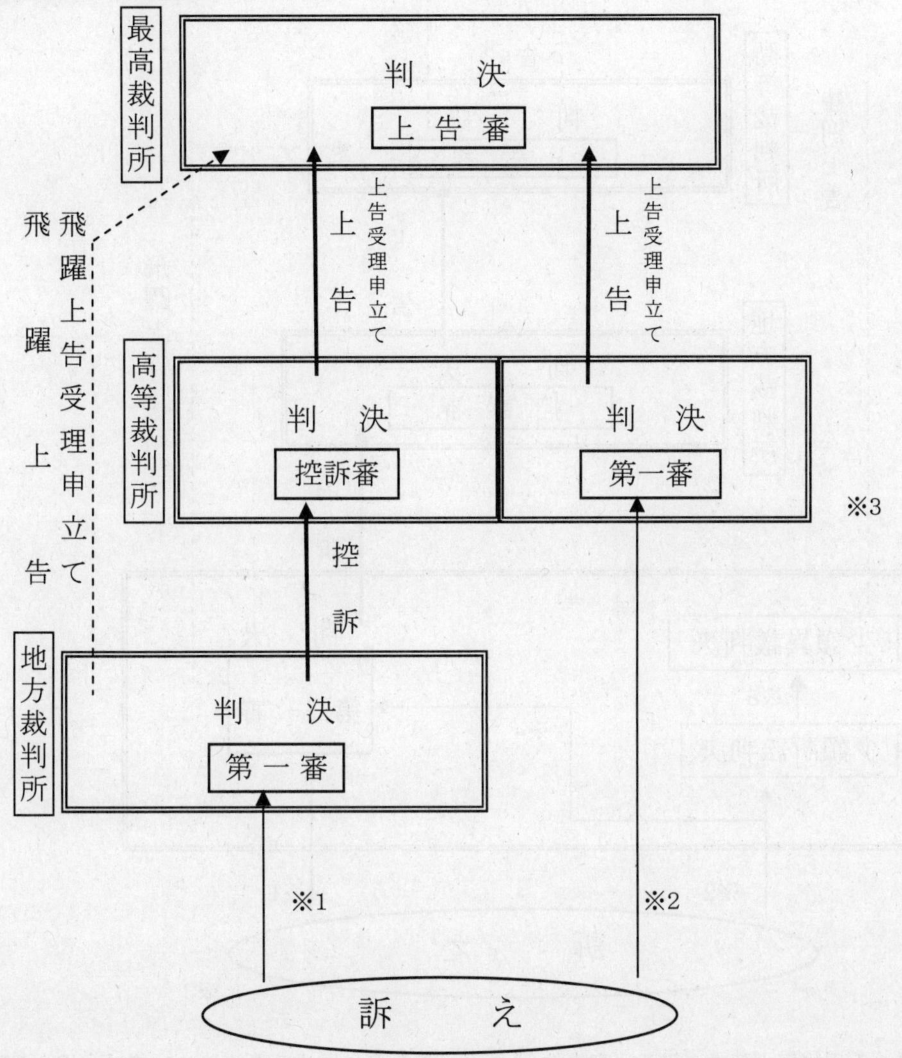

※１　一般行政事件・訴額１４０万円超過の請求に係る民事事件（ただし，訴額１４０万円以下の請求に係る民事事件のうち，不動産に関する訴訟については，地方裁判所，簡易裁判所の競合管轄）

なお，本来の訴えのほかに，地方裁判所に申し立てられる労働審判事件については，労働審判に対して異議の申立てがあったときは，地方裁判所に訴えの提起があった場合と同様の手続で処理されることになる。

※２　特殊行政事件（選挙に関する行政事件等。さらに，東京高等裁判所は，特許法１７８条１項，海難審判法４４条１項等の法律により特別に定められた事件について専属的第一審裁判権を有する。）

※３　知的財産高等裁判所設置法第２条に定められる事件については，知的財産高等裁判所で扱われる。

(2)　**簡裁民事事件**

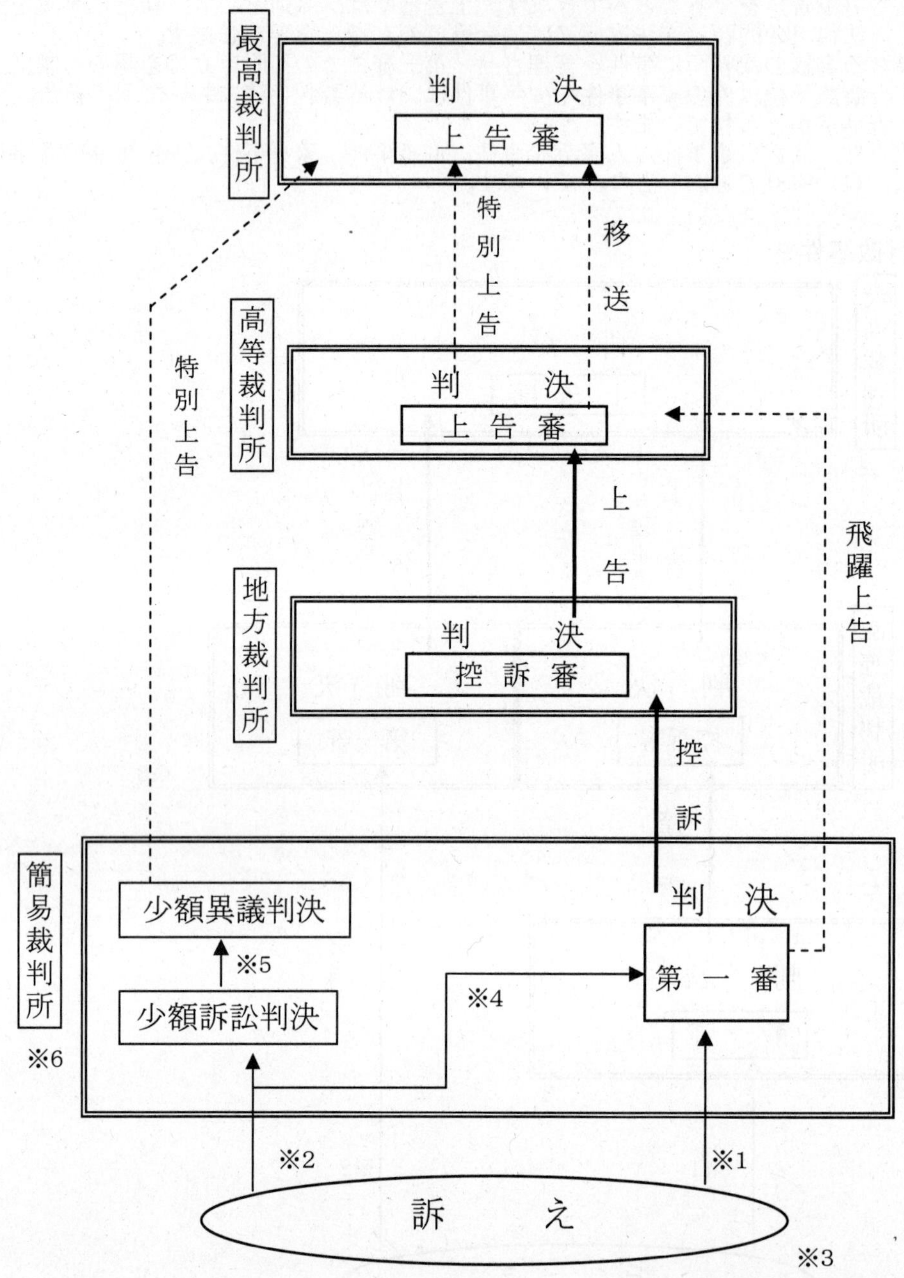

※1　訴額１４０万円以下の請求に係る民事事件（ただし，不動産に関する訴訟については，地方裁判所，簡易裁判所の競合管轄）

※2　訴額６０万円以下の金銭支払請求で，少額訴訟による審理及び裁判を求める旨の申述のあるもの。

※3　本来の訴えのほかに，簡易裁判所に申し立てられる支払督促については，異議の申立てがあったときは，その目的の価額（訴額）に従い，簡易裁判所又は地方裁判所に訴えの提起があった場合と同様の手続で処理されることになる。

※4　裁判所による決定又は被告の申述により通常の手続に移行したもの。

※5　少額訴訟判決に対して異議が申し立てられると，通常の手続による審理及び裁判が進められる。

※6　民事調停の申立てについては，その目的の価額にかかわらず，簡易裁判所の管轄となる（地方裁判所で処理することについて合意のあるものや鉱害調停等を除く。）。

(3)　人事訴訟事件

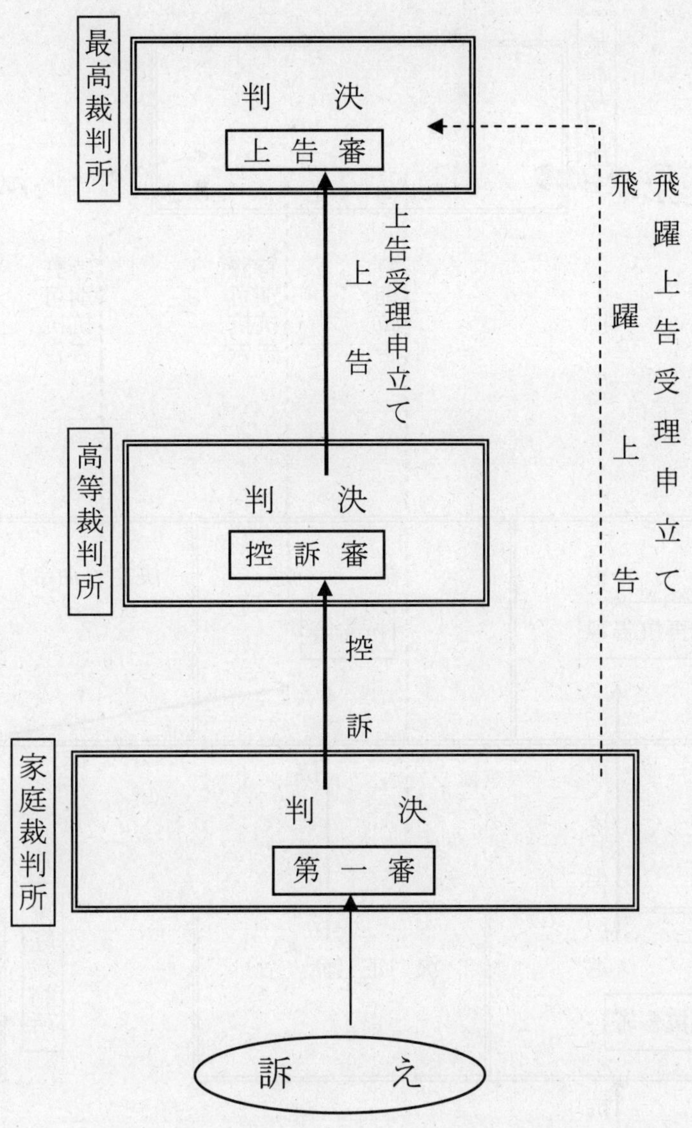
最高裁判所
判　決
上告審
上告
上告受理申立て
飛躍上告
飛躍上告受理申立て
高等裁判所
判　決
控訴審
控訴
家庭裁判所
判　決
第一審
訴　え

(4)　民事事件・行政事件・人事訴訟事件（決定・命令手続）

（凡例）　太線は抗告，再抗告を，点線は特別抗告，許可抗告を示す。

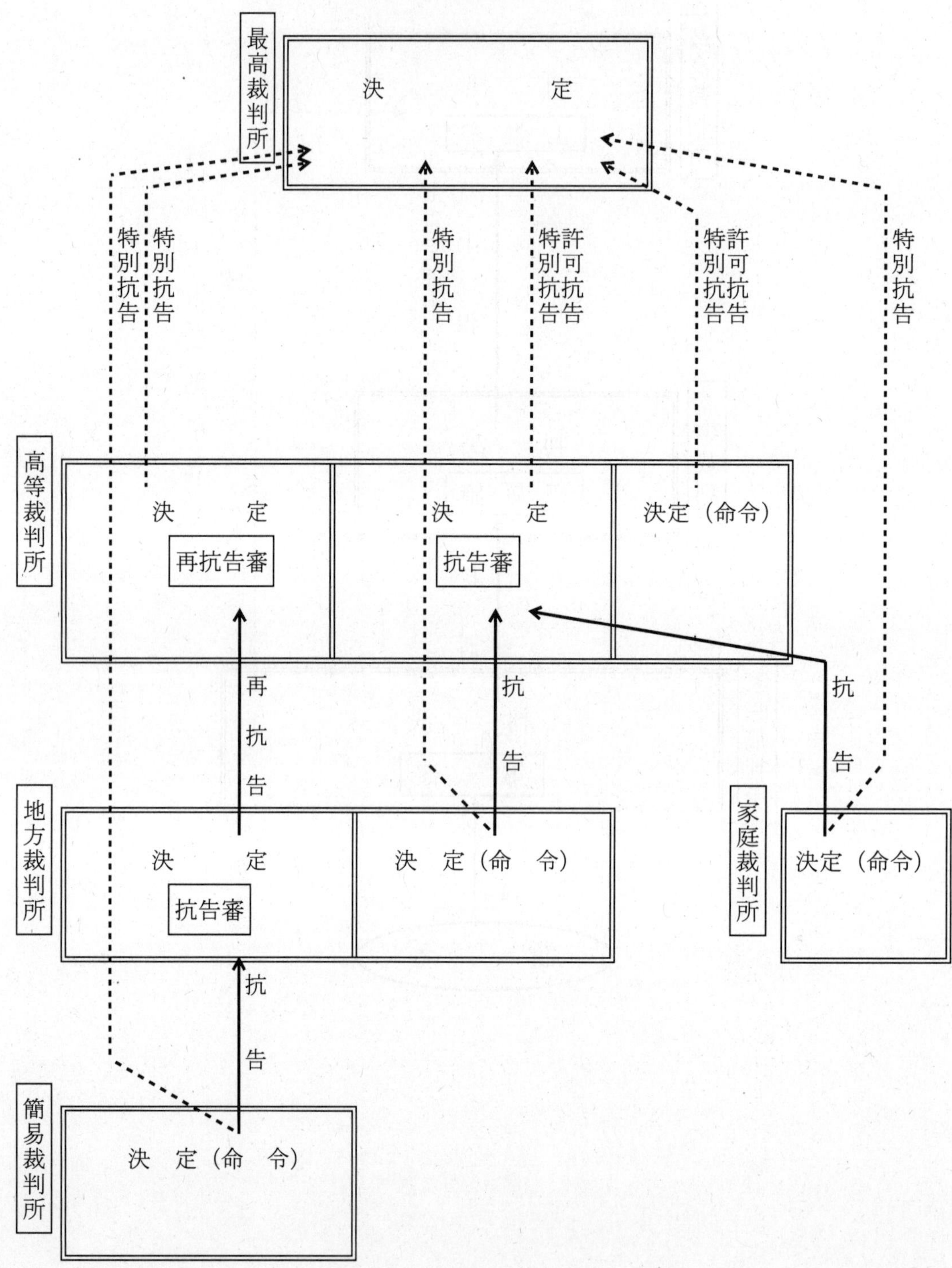

(5) 刑事事件

（凡例） 太線は控訴，上告，事件受理申立てを，点線は跳躍上告，移送を示す。また，細線は，審級とは関係のない手続の流れを示す。

（注） ※１ 内乱罪等（刑法７７～７９条）の罪に係る訴訟
※２ 原則的な第一審裁判所
※３ 罰金以下の刑に当たる罪，選択刑として罰金が定められている罪及び常習賭博，横領，盗品譲受け等の罪に係る訴訟
※４ 簡易裁判所の管轄する刑事事件のうち，１００万円以下の罰金又は科料を科すことが相当なもので，被疑者に異議がなく，検察官の請求があるもの。

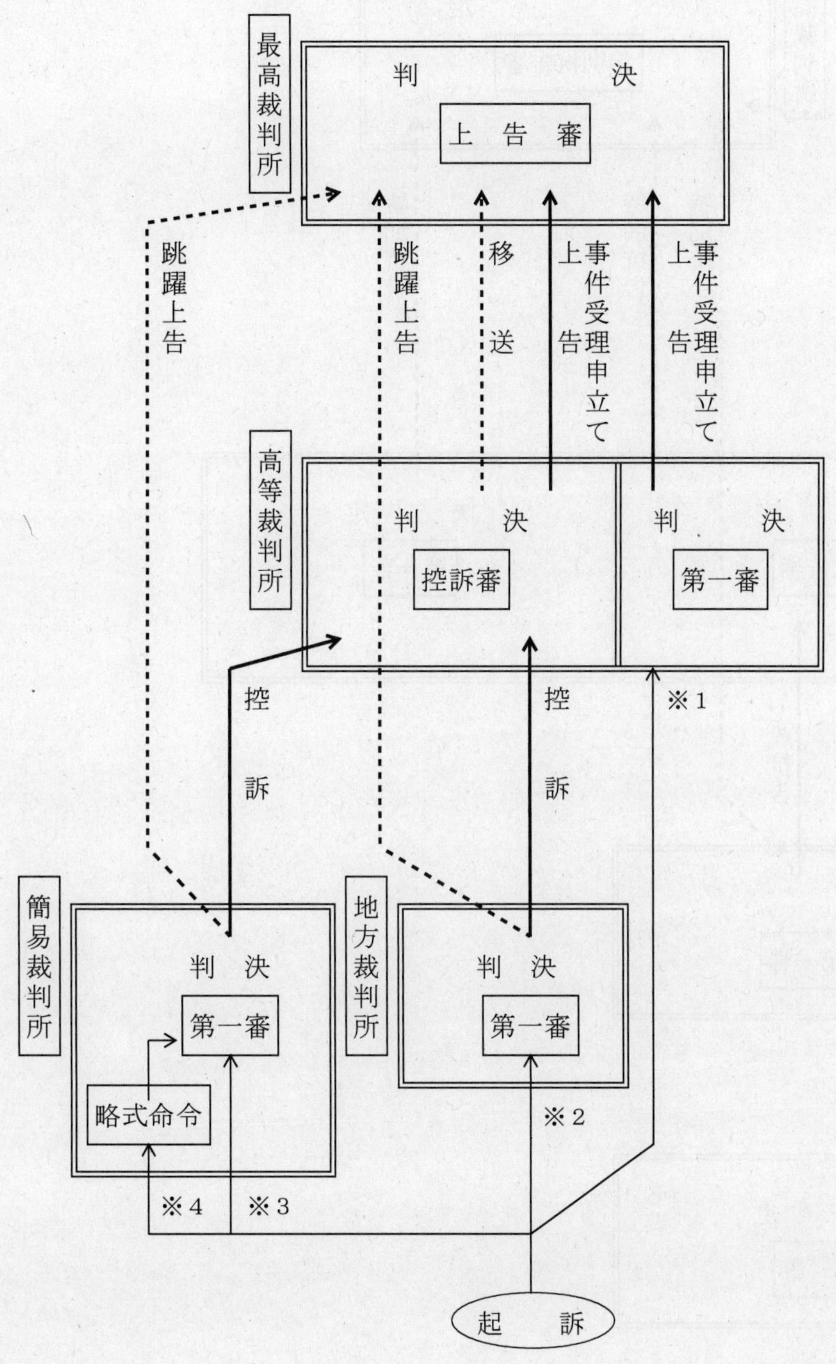

(6)　刑事事件（決定・命令手続）

（凡例）　太線は一般抗告（即時抗告，通常抗告）を，点線は特別抗告を示す。また，細線は準抗告を示す。

①　一般抗告（即時抗告，通常抗告）

（注）　※　高等裁判所の決定に対しては，抗告をすることはできない。通常抗告又は即時抗告の許される決定で高等裁判所がしたものに対しては，その高等裁判所に異議の申立てをすることができる。

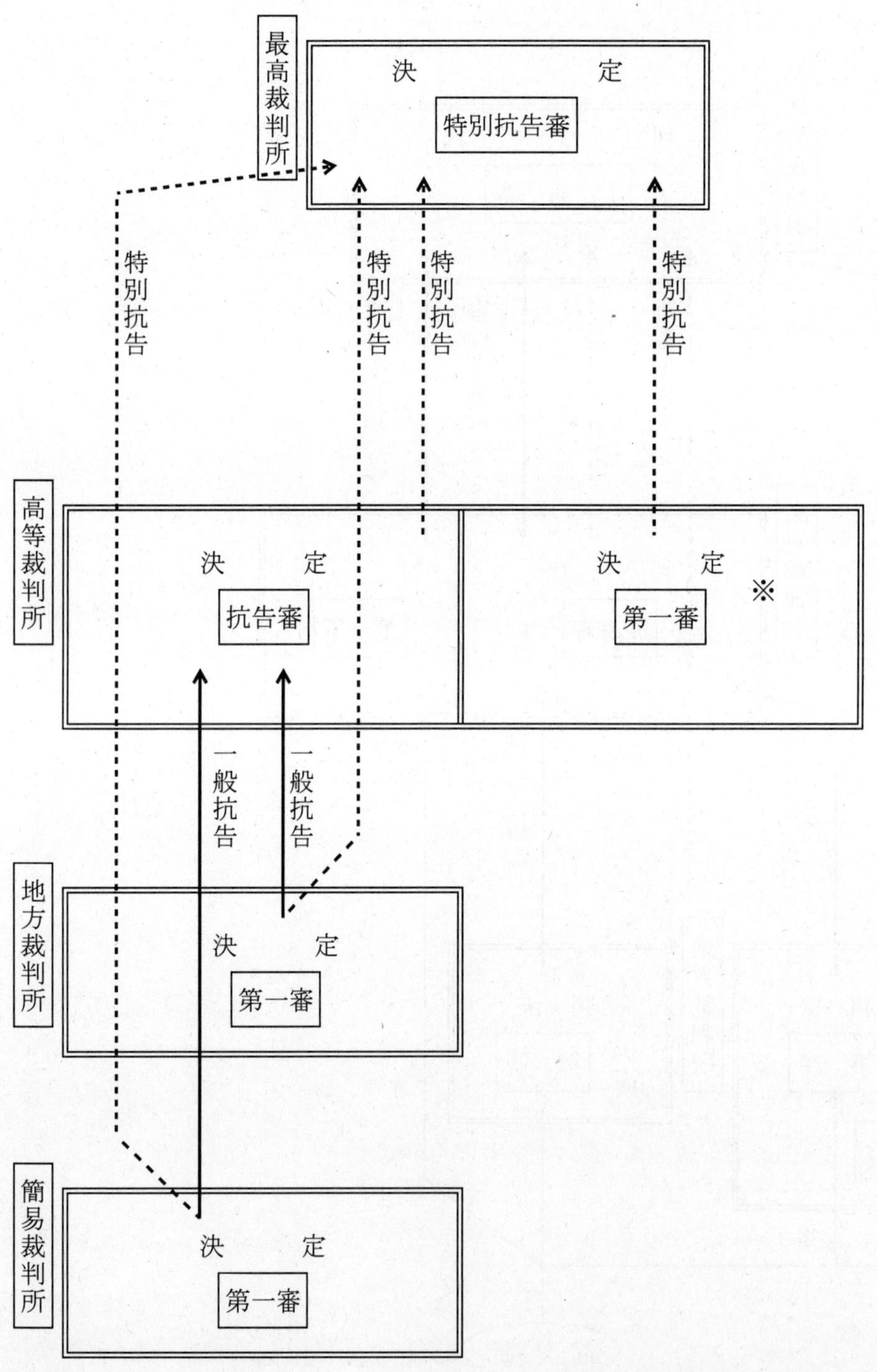

② 準抗告

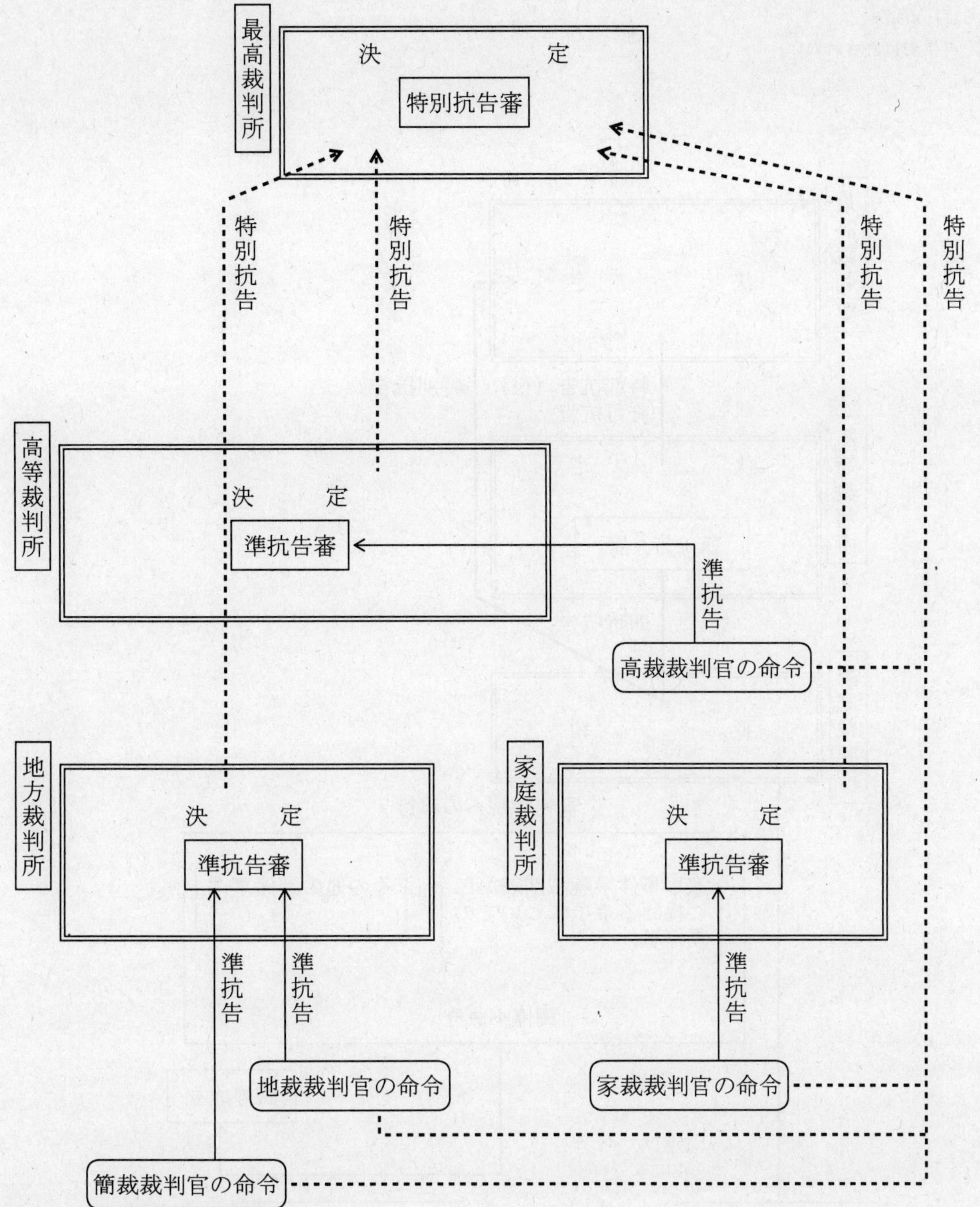
最高裁判所
決　　定
特別抗告審
特別抗告
特別抗告
特別抗告
特別抗告
高等裁判所
決　　定
準抗告審
準抗告
高裁裁判官の命令
地方裁判所
決　　定
準抗告審
家庭裁判所
決　　定
準抗告審
準抗告
準抗告
準抗告
地裁裁判官の命令
家裁裁判官の命令
簡裁裁判官の命令

(7) 家事事件

（凡例） 太線は即時抗告，特別抗告，許可抗告を，点線は審判手続への移行を示す。また，細線は審級とは関係のない手続の流れを示す。

（注） ※ 再抗告は許されない。

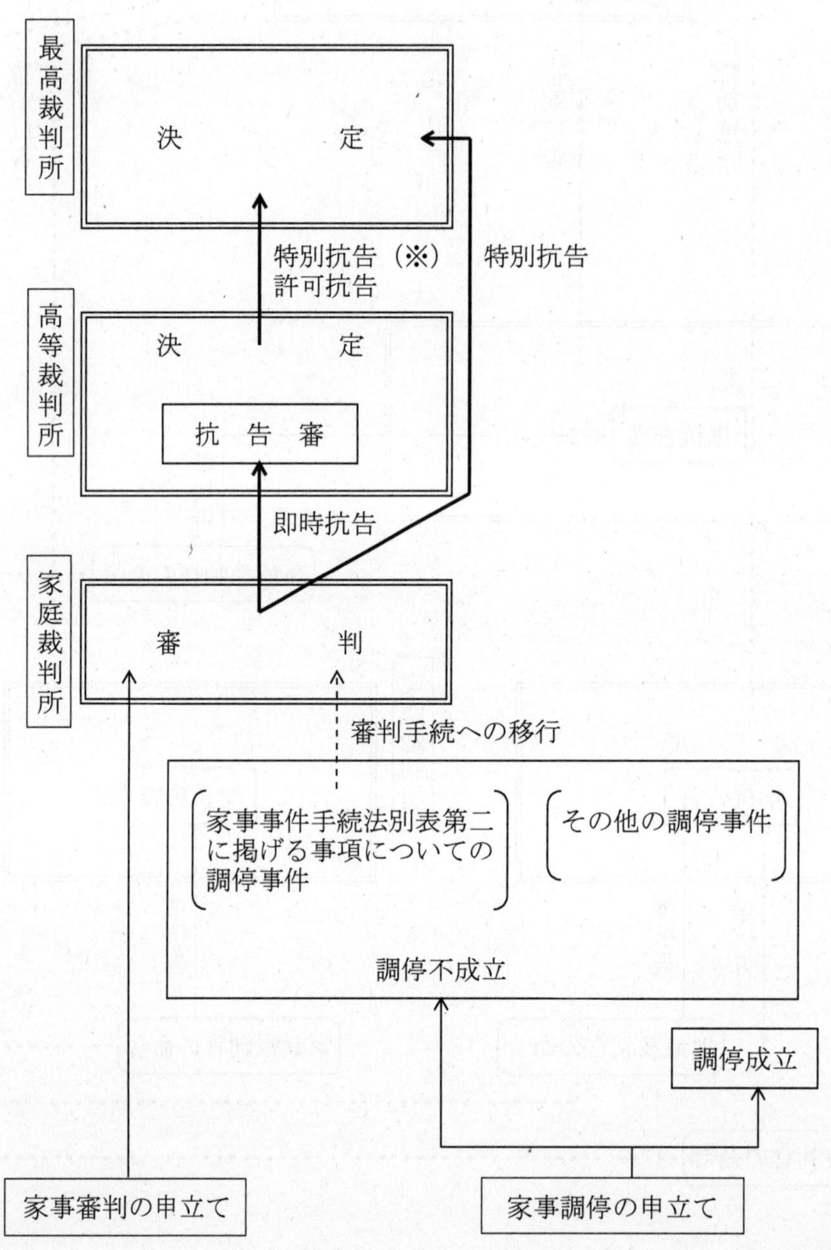

(8)　少年事件

（凡例）　太線は，抗告，再抗告又は抗告受理申立てを示す。また，細線は，審級とは関係のない手続の流れを示す。

（注）　※１　検察官関与決定のあった場合においても，検察官からの申立てはできない。

※２　保護処分の決定に対する少年側からの抗告

※３　検察官関与決定のあった場合においては，保護処分に付さない決定又は保護処分の決定に対し，一定の事由を理由とするときに限り，検察官から抗告受理申立てができる。

※４　検察官，司法警察員，警察官，都道府県知事又は児童相談所長からの送致，家庭裁判所調査官からの報告，一般人，警察官又は保護観察所長からの通告

※５　年齢超過又は刑事処分相当の場合

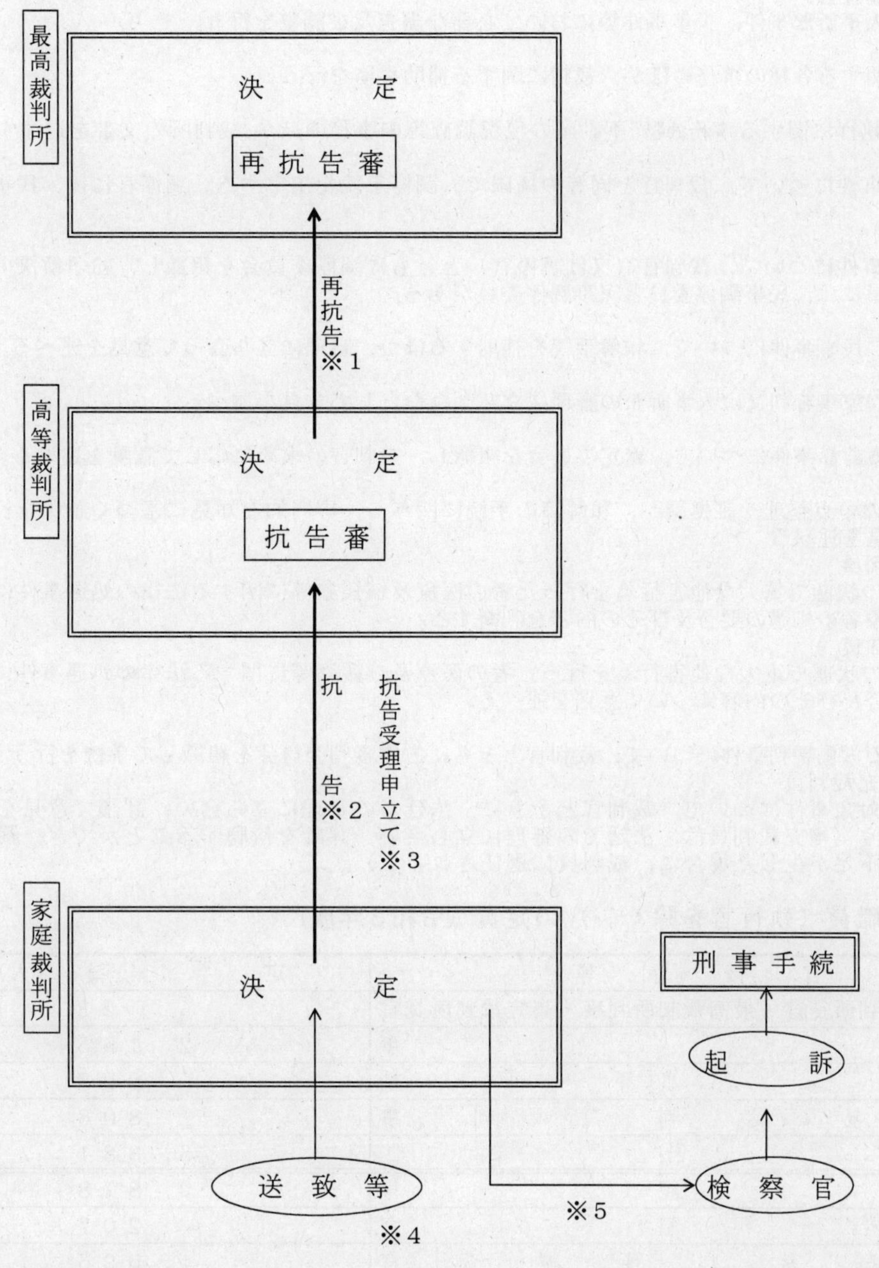

2　裁判所の職員

裁判所には，裁判官をはじめ裁判所書記官，裁判所速記官，家庭裁判所調査官，裁判所事務官，執行官などの裁判所職員がいます。また，弁護士の中から任命され調停手続を主宰する調停官のほか，調停委員，司法委員，参与員など一般国民から選ばれた人々が司法手続に参加しています。

1　裁判官
　裁判所の管轄に属する各種の事件について，裁判に必要な手続及びこれに付随する手続を行う。裁判官には，最高裁判所長官，最高裁判所判事，高等裁判所長官，判事，判事補，簡易裁判所判事がある。

2　裁判所書記官
　事件記録その他の書類の作成・保管事務，その他法律において定める事務，裁判官の行う法令・判例の調査の補助事務及びその他手続の適正確保，進行促進，裁判官の判断補助等を目的とした事務を行う。

3　裁判所速記官
　裁判所の事件に関する速記及びこれに関する事務を行う。

4　家庭裁判所調査官
　家事事件，人事訴訟事件，少年事件等において必要な調査及び調整を行う。

5　裁判所事務官
　司法行政に関する各種の事務のほか，裁判に関する補助事務を行う。

6　執行官
　民事裁判の執行に関する事務,競売不動産の現況調査等の事務のほか,裁判所の文書を送達する事務を行う。

7　調停官
　各種の調停事件について，裁判官と同等の権限で，調停手続を主宰する。調停官には，民事調停官と家事調停官がある。

8　調停委員
　各種の調停事件について，裁判官（又は調停官）とともに調停委員会を組織し，紛争解決のあっせんに当たる。調停委員には，民事調停委員と家事調停委員がある。

9　司法委員
　簡易裁判所の民事事件について，和解手続を補助するほか，審理に立ち会って意見を述べる。

10　参与員
　家庭裁判所の家事審判又は人事訴訟の審理に立ち会うなどして意見を述べる。

11　鑑定委員
　借地に関する非訟事件について，鑑定委員会を組織し，裁判官の求めに応じて意見を述べる。

12　専門委員
　民事事件等の争点整理，証拠調べ，和解等の手続に関与し，専門的な知見に基づく説明を行う（非訟事件については意見を述べる。）。

13　精神保健審判員
　心神喪失等の状態で重大な他害行為を行った者の医療及び観察等に関する法律の処遇事件に関し，裁判官とともに，対象者の処遇の要否及びその内容を判断する。

14　精神保健参与員
　心神喪失等の状態で重大な他害行為を行った者の医療及び観察等に関する法律の処遇事件に関与し，対象者の処遇の要否及びその内容について意見を述べる。

15　労働審判員
　地方裁判所の労働審判事件について，裁判官とともに労働審判委員会を組織して手続を行う。

16　裁判員・補充裁判員
　裁判員裁判対象事件について，裁判官とともに，法廷での審理に立ち会い，評議で意見を述べ，判決の宣告に立ち会う（補充裁判員は，法廷での審理に立ち会い，評議を傍聴することができ，裁判の途中で裁判員の人数に不足が生じた場合に，裁判員に選任される。）。

§1　裁判所職員（執行官を除く。）の定員（令和3年度）

官職名等		定員（人）
裁判官	最高裁判所長官・最高裁判所判事・高等裁判所長官	23
	判事	2，155
	判事補	897
	簡易裁判所判事	806
	計	3，881
一般職	書記官	9，878
	速記官	207
	家庭裁判所調査官	1，596
	事務官	9，392
	その他	728
	計	21，801
合計		25，682

（参考）女性裁判官数は，795 人である（令2．12．1現在）
（根拠法令）○裁判所法（昭和22年法律第59号）
　　　　　　○裁判所職員定員法（昭和26年法律第53号）

§２　執行官の数（令和３．４．１現在）

全国の員数	259

§３　調停官の数（令和２．１２．１現在）

区　　分	員　数
民　事　調　停　官	59
家　事　調　停　官	61
計	120

§４　民事調停委員及び家事調停委員の数（令和３．４．１現在）

(1)　員　数

区　　分	員　数
民　事　調　停　委　員	7,975
家　事　調　停　委　員	11,461
計	19,436

（注）合計19,436人のうち3,024人は，民事調停委員及び家事調停委員に併任されている。

(2)　年齢別員数

区分／年齢別	民事調停委員		家事調停委員	
	員　数	％	員　数	％
70歳以上	287	3.6	449	3.9
60歳代	5,076	63.6	7,325	63.9
50歳代	1,773	22.2	2,373	20.7
40歳代	826	10.4	1,292	11.3
40歳未満	13	0.2	22	0.2
計	7,975	100.0	11,461	100.0

（注）上記は，任命時の年齢による。

(3)　職業別員数

区分／職業別	民事調停委員		家事調停委員	
	員　数	％	員　数	％
弁護士	1,400	17.6	1,560	13.6
医師	188	2.4	55	0.5
大学教授等	82	1.0	215	1.9
公務員	154	1.9	279	2.4
会社・団体の役員・理事	671	8.4	987	8.6
会社員・団体の職員	430	5.4	620	5.4
農林水産業	68	0.8	109	1.0
商業・製造業	102	1.3	111	1.0
宗教家	98	1.2	195	1.7
公認会計士・税理士・不動産鑑定士・司法書士・土地家屋調査士　等	2,870	36.0	2,342	20.4
その他	328	4.1	1,093	9.5
無職	1,584	19.9	3,895	34.0
計	7,975	100.0	11,461	100.0

§５　司法委員及び参与員の数（令和３．２．１現在）

区　　分	員　数
司　法　委　員	4,847
参　与　員	4,556

§６　鑑定委員の数（令和３．２．１現在）

区　　分	員　数
借地借家法に基づく鑑定委員	1,418
大規模な災害の被災地における借地借家に関する特別措置法等に基づく鑑定委員	1,348

（注）借地借家法に基づく鑑定委員のうち1，348人は，大規模な災害の被災地における借地借家に関する特別措置法等に基づく鑑定委員を兼ねている。

§７　専門委員の数（令和３．４．１現在）

分　野　別	員　数
医事関係	916
建築関係	551
知的財産権関係	257
その他	293
計	2,017

§８　労働審判員の数（令和３．４．１現在）

全国の員数	1,503

§９　選任された裁判員及び補充裁判員の数（令和２年）

区　　分	員　数
裁判員	5,221
補充裁判員	1,761

（注1）令和2年1月1日から同年12月31日までに終局した裁判員裁判において選任された数である。

（注2）補充裁判員から裁判員に選任された場合は，重複して計上した。

3　裁判官の報酬等

裁判官・検察官の報酬俸給表　（令和３年４月１日現在）

裁判官			検察官		報酬俸給 月額	初任給調整手当
最高裁判所長官					2,010,000	
最高裁判所判事			検事総長		1,466,000	
東京高等裁判所長官					1,406,000	
その他の高等裁判所長官			東京高検検事長		1,302,000	
			次長検事・その他の検事長		1,199,000	
判事	判事補	簡裁判事	検事	副検事		
1			1		1,175,000	
2			2		1,035,000	
3		特	3		965,000	
4		1	4		818,000	
5		2	5		706,000	
6		3	6	特	634,000	
7		4	7	1	574,000	
8			8	2	516,000	
		5		3	438,900	
	1	6	9	4	421,500	
	2	7	10	5	387,800	
	3	8	11	6	364,900	
	4	9	12	7	341,600	
	5	10	13	8	319,800	19,000
	6	11	14	9	304,700	30,900
	7	12	15	10	287,500	45,100
	8	13	16	11	277,600	51,100
	9	14	17	12	256,300	70,000
	10	15	18	13	247,400	75,100
	11	16	19	14	240,800	83,900
	12	17	20	15	234,900	87,800
				16	223,600	
				17	215,800	

4 裁判所の予算

予算額（令和３年度）

（単位：千円）

区分		予算額	国の予算に対する割合（%）
国の予算総額		106,609,707,875	－
裁判所予算額		325,367,912	０.３０５
	＜予算の内容＞	予算額	割合（%）
	人件費	273,321,100	８４.０
	施設費	14,624,474	４.５
	裁判費	20,250,432	６.２
	その他	17,163,906	５.３
	予備経費	8,000	０.０

5　その他の参考事項（裁判官以外の司法関係者の資料を含む。）

§1　日本における法曹人口及び総人口の推移（昭和21年～令和3年）

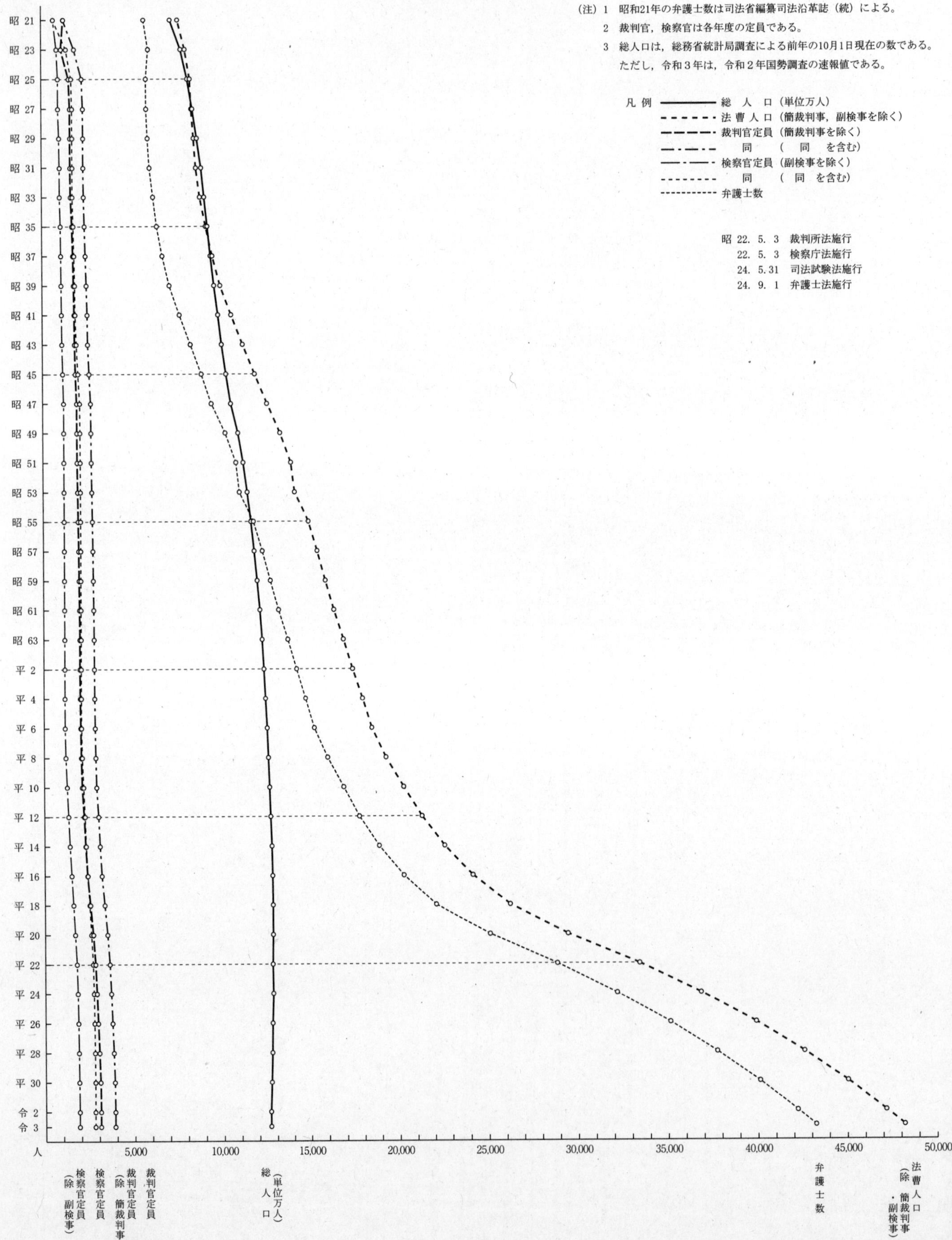

	裁判官定員	（除 簡裁判事）	検察官定員	（除 副検事）	弁護士	法曹人口 （除 簡裁判事・副検事）	総人口 （単位万人）
昭和２１年	1232		668		5737	7637	7215
昭和２３年	1842	1107	1387	857	5992	8046	7810
昭和２５年	2261	1533	1673	930	5862	8322	8177
昭和２７年	2323	1595	1717	930	5872	8397	8454
昭和２９年	2327	1597	1717	980	5942	8519	8698
昭和３１年	2327	1597	1717	1000	6040	8637	8928
昭和３３年	2347	1617	1717	1000	6235	8852	9093
昭和３５年	2387	1687	1761	1044	6439	9170	9264
昭和３７年	2430	1730	1796	1059	6740	9529	9429
昭和３９年	2475	1760	1829	1067	7128	9955	9616
昭和４１年	2518	1787	1844	1082	7687	10556	9828
昭和４３年	2537	1803	1901	1097	8293	11193	10020
昭和４５年	2605	1838	1983	1132	8888	11858	10254
昭和４７年	2681	1900	2071	1173	9483	12556	10515
昭和４９年	2693	1905	2081	1173	10197	13275	10910
昭和５１年	2703	1912	2089	1173	10792	13877	11194
昭和５３年	2726	1935	2092	1173	10979	14087	11417
昭和５５年	2747	1956	2092	1173	11759	14888	11616
昭和５７年	2767	1976	2092	1173	12251	15400	11790
昭和５９年	2783	1992	2092	1173	12701	15866	11954
昭和６１年	2800	2009	2092	1173	13159	16341	12105
昭和６３年	2813	2017	2092	1173	13674	16864	12224
平成　２年	2823	2017	2092	1173	14173	17363	12321
平成　４年	2835	2029	2092	1173	14706	17908	12410
平成　６年	2852	2046	2092	1173	15215	18434	12494
平成　８年	2879	2073	2127	1208	15973	19254	12557
平成１０年	2919	2113	2193	1274	16853	20240	12617
平成１２年	3019	2213	2264	1345	17707	21265	12669
平成１４年	3094	2288	2313	1414	18851	22553	12729
平成１６年	3191	2385	2404	1505	20240	24130	12762
平成１８年	3341	2535	2490	1591	22056	26182	12776
平成２０年	3491	2685	2578	1679	25062	29426	12777
平成２２年	3611	2805	2667	1768	28828	33401	12751
平成２４年	3686	2880	2709	1810	32134	36824	12780
平成２６年	3750	2944	2734	1835	35113	39892	12730
平成２８年	3814	3008	2754	1855	37722	42585	12711
平成３０年	3866	3060	2767	1868	40098	45026	12671
令和　２年	3881	3075	2758	1879	42200	47154	12617
令和　３年	3881	3075	2759	1880	43230	48185	12623

（注）１　昭和２１年の弁護士数は司法省編纂司法沿革誌（続）による。
　　２　裁判官，検察官は各年度の定員である。
　　３　総人口は，総務省統計局調査による前年の１０月１日現在の数である。
　　　ただし，令和３年は，令和２年国勢調査の速報値である。

昭　２２．５．　３　裁判所法施行
　　２２．５．　３　検察庁法施行
　　２４．５．３１　司法試験法施行
　　２４．９．　１　弁護士法施行

§2　弁護士の数と人口との関係

（注）　1　弁護士の数は令和３年４月１日現在の数（日本弁護士連合会調べ）である。
　　　　2　（　　）内の数は女性弁護士の数（内数）である。
　　　　3　人口は総務省統計局調査による令和２年１０月１日現在の数（令和２年国勢調査の速報値）である。
　　　　4　外国弁護士の数は外国弁護士資格者の数である。

弁護士会名	所属弁護士数（人）	人口（千人）	１人当たりの人口（人）	弁護士会名	所属弁護士数（人）	人口（千人）	１人当たりの人口（人）
東京	8,810			鳥取県	66	554	8,392
第一東京	6,058	14,065	672	島根県	81	672	8,291
第二東京	6,070			福岡県	1,414	5,139	3,634
神奈川県	1,738	9,240	5,317	佐賀県	107	812	7,589
埼玉	926	7,347	7,934	長崎県	163	1,313	8,056
千葉県	842	6,287	7,467	大分県	160	1,125	7,029
茨城県	302	2,869	9,499	熊本県	283	1,739	6,146
栃木県	227	1,934	8,520	鹿児島県	219	1,589	7,257
群馬	314	1,940	6,179	宮崎県	138	1,070	7,755
静岡県	519	3,635	7,004	沖縄	276	1,468	5,320
山梨県	126	810	6,432	仙台	483	2,303	4,769
長野県	259	2,050	7,914	福島県	195	1,834	9,406
新潟県	284	2,202	7,755	山形県	104	1,069	10,276
大阪	4,790	8,843	1,846	岩手	101	1,211	11,992
京都	824	2,580	3,131	秋田	75	960	12,802
兵庫県	999	5,469	5,475	青森県	112	1,239	11,060
奈良	184	1,325	7,203	札幌	826		
滋賀	157	1,414	9,008	函館	54	5,229	5,023
和歌山	146	923	6,322	旭川	79		
愛知県	2,076	7,546	3,635	釧路	82		
三重	193	1,771	9,178	香川県	188	951	5,059
岐阜県	208	1,980	9,518	徳島	85	720	8,467
福井	124	767	6,189	高知	91	692	7,605
金沢	186	1,133	6,093	愛媛	163	1,336	8,194
富山県	121	1,036	8,559	計	43,230	126,227	2,920
広島	613	2,801	4,570		(8,349)		
山口県	182	1,343	7,379	沖縄弁護士	6		
岡山	407	1,890	4,643	外国弁護士	0		
				外国法事務弁護士	448		

§3　司法修習生の数（採用者数）

期別	（採用年度）	人　数
第３６期	（昭和５７年度）	438（32）
第３７期	（昭和５８年度）	451（47）
第３８期	（昭和５９年度）	451（42）
第３９期	（昭和６０年度）	450（52）
第４０期	（昭和６１年度）	482（45）
第４１期	（昭和６２年度）	473（58）
第４２期	（昭和６３年度）	492（63）
第４３期	（平成元年度）	511（60）
第４４期	（平成２年度）	509（70）
第４５期	（平成３年度）	507（72）
第４６期	（平成４年度）	596（84）
第４７期	（平成５年度）	635（124）
第４８期	（平成６年度）	703（144）
第４９期	（平成７年度）	724（155）
第５０期	（平成８年度）	728（142）
第５１期	（平成９年度）	734（169）
第５２期	（平成１０年度）	746（203）
第５３期	（平成１１年度）	797（199）
第５４期	（平成１２年度）	982（282）
第５５期	（平成１３年度）	992（269）
第５６期	（平成１４年度）	1,007（227）
第５７期	（平成１５年度）	1,183（277）
第５８期	（平成１６年度）	1,188（280）
第５９期	（平成１７年度）	1,499（366）
第６０期	（平成１８年度）	2,446（572）
第６１期	（平成１９年度）	2,380（630）
第６２期	（平成２０年度）	2,304（626）
第６３期	（平成２１年度）	2,171（571）
第６４期	（平成２２年度）	2,124（588）
第６５期	（平成２３年度）	2,074（480）
第６６期	（平成２４年度）	2,035（532）
第６７期	（平成２５年度）	1,969（447）
第６８期	（平成２６年度）	1,761（411）
第６９期	（平成２７年度）	1,787（381）
第７０期	（平成２８年度）	1,530（346）
第７１期	（平成２９年度）	1,516（317）
第７２期	（平成３０年度）	1,482（361）
第７３期	（令和元年度）	1,473（366）
第７４期	（令和２年度）	1,456（372）

（注意）　いずれも採用時の数値である。
括弧内は女性で内数である。

§4 終了者の進路別人数

期別（終了年度）	終了者数	裁判官	検察官	弁護士	その他
第33期（昭和56年）	484(33)	61(4)	38(1)	378(27)	7(1)
第34期（昭和57年）	499(38)	62(2)	53(2)	383(34)	1(0)
第35期（昭和58年）	483(49)	58(8)	53(2)	370(39)	2(0)
第36期（昭和59年）	436(33)	58(1)	50(1)	325(30)	3(1)
第37期（昭和60年）	447(44)	52(7)	49(2)	343(34)	3(1)
第38期（昭和61年）	450(44)	70(8)	34(4)	342(32)	4(0)
第39期（昭和62年）	448(52)	62(10)	37(6)	347(36)	2(0)
第40期（昭和63年）	482(45)	73(8)	41(4)	367(32)	1(1)
第41期（平成元年）	470(57)	58(10)	51(6)	360(40)	1(1)
第42期（平成2年）	489(63)	81(16)	28(3)	376(44)	4(0)
第43期（平成3年）	506(58)	96(20)	46(4)	359(34)	5(0)
第44期（平成4年）	508(70)	65(16)	50(8)	378(45)	15(1)
第45期（平成5年）	506(72)	98(20)	49(8)	356(44)	3(0)
第46期（平成6年）	594(84)	104(18)	75(11)	406(55)	9(0)
第47期（平成7年）	633(123)	99(34)	86(16)	438(70)	10(3)
第48期（平成8年）	699(142)	99(26)	71(12)	521(102)	8(2)
第49期（平成9年）	720(155)	102(26)	70(16)	543(113)	5(0)
第50期（平成10年）	726(144)	93(21)	73(11)	553(110)	7(2)
第51期（平成11年）	729(167)	97(18)	72(16)	549(132)	11(1)
第52期（平成12年）	742(202)	87(22)	69(16)	579(164)	7(0)
第53期（平成12年）	788(196)	82(26)	74(10)	625(158)	7(2)
第54期（平成13年）	975(281)	112(31)	76(20)	774(225)	13(5)
第55期（平成14年）	988(269)	106(30)	75(22)	799(214)	8(3)
第56期（平成15年）	1,005(225)	101(29)	75(19)	822(175)	7(2)
第57期（平成16年）	1,178(277)	109(35)	77(19)	983(222)	9(1)
第58期（平成17年）	1,187(279)	124(34)	96(30)	954(213)	13(2)
第59期（平成18年）	1,477(360)	115(35)	87(26)	1,254(291)	21(8)
第60期（平成19年）	2,376(568)	118(43)	113(39)	2,043(457)	102(29)
第61期（平成20年）	2,340(619)	99(36)	93(32)	2,026(527)	122(24)
第62期（平成21年）	2,346(635)	106(34)	78(31)	1,978(523)	184(47)
第63期（平成22年）	2,144(563)	102(32)	70(22)	1,714(443)	258(66)
第64期（平成23年）	2,152(597)	102(34)	71(24)	1,515(418)	464(121)
第65期（平成24年）	2,080(479)	92(28)	72(22)	1,370(316)	546(113)
第66期（平成25年）	2,034(528)	96(38)	82(31)	1,286(336)	570(123)
第67期（平成26年）	1,973(443)	101(29)	74(29)	1,248(269)	550(116)
第68期（平成27年）	1,766(418)	91(38)	76(25)	1,131(239)	468(116)
第69期（平成28年）	1,762(371)	78(30)	70(26)	1,198(228)	416(87)
第70期（平成29年）	1,563(359)	65(18)	67(24)	1,075(248)	356(69)
第71期（平成30年）	1,517(319)	82(21)	69(21)	1,032(226)	334(51)
第72期（令和元年）	1,487(360)	75(28)	65(28)	1,032(231)	315(73)
第73期（令和２年）	1,467(366)	66(23)	66(24)	1,047(263)	288(56)

（注）　括弧内は女性で内数である。
第３３期から第５２期までは４月終了，第５３期から第５９期までは１０月終了，第６０期から第６２期までは９月及び１２月終了，第６３期及び第６４期は８月及び１２月終了，第６５期以降は１２月終了である。
修習終了直後の数による。ただし，第７３期は令和３年１月２７日時点の数による。

第２部　事件の統計

(1)　裁判所の事件は，民事事件，刑事事件，家事事件，少年事件，医療観察事件の５種に区分される。

(2)　民事事件は，民事訴訟事件と行政訴訟事件の訴訟事件と，民事調停事件その他の非訟事件に区分される。

民事訴訟事件は，民事通常訴訟事件とそれ以外の訴訟事件（人事訴訟事件，手形・小切手訴訟事件，少額訴訟事件）に区分される。なお，人事訴訟事件は，平成１６年４月１日以降，家庭裁判所の管轄に属する。

行政訴訟事件は，公法上の法律関係に関する訴訟事件であり，地方裁判所を第一審とするものと，高等裁判所を第一審とするものに区分される。

(3)　刑事事件は，刑事訴訟事件と訴訟事件以外の事件に区分される。

刑事訴訟事件は，最高裁においては上告，非常上告及び再審事件を，高裁においては控訴，特別権限の第一審及び再審事件を，地裁においては通常第一審（裁判員裁判対象事件を含む）及び再審事件を，簡裁においては通常第一審，略式及び再審事件をいう。

訴訟事件以外の事件には，最高裁においては再審請求，上告受理申立て，特別抗告及び刑事雑事件などが，高裁においては再審請求，抗告及び刑事雑事件などが，地裁においては再審請求，起訴強制，刑事損害賠償命令事件及び刑事雑事件（令状事件を含む）などが，簡裁においては再審請求及び刑事雑事件（令状事件を含む）などが，それぞれ含まれる。

(4)　家事事件は，家事審判事件，家事調停事件及びその他の事件に区分される。

(5)　少年事件は，少年保護事件とそれ以外の事件（例えば，収容継続申請事件，戻し収容申請事件，保護処分取消事件，施設送致申請事件）に区分される。

少年保護事件は，一般事件及び交通関係事件（道路交通保護事件に，（無免許）過失運転致死傷事件，（無免許）過失運転致死傷アルコール等影響発覚免脱事件，業務上（重）過失致死傷事件，自動車運転過失致死傷事件及び（無免許）危険運転致死傷事件を加えたもの）に区分される。

(6)　医療観察事件（平成１７年７月１５日施行）は，入院又は通院処遇事件，退院又は入院継続処遇事件，処遇の終了又は通院期間の延長処遇事件及び再入院等処遇事件に区分される。

(7)　百分比を示した数値については四捨五入しているため，その内訳の合計が１００と一致しない場合がある。

(8)　掲載されている統計数値は，令和３年５月末時点での報告に基づき集計したものである。

第１　事 件 数

（注）１　事件数は，
　ア　民事・行政事件及び家事事件については，件数
　イ　刑事事件及び少年事件については，特に注記しない限り，被告人及び少年の人員
　ウ　医療観察事件については，対象者の人員である。
２　「民事・行政訴訟事件」及び「人事訴訟事件」には再審を含まない。
３　「刑事訴訟事件」には再審を含むが，各表に別途，注記がある場合にはそれに従う。

１　全裁判所の新受全事件数（昭和27年～令和２年）

（注）１　「刑事」には，医療観察事件を含む。
２　「家事」には，平成16年4月以降家庭裁判所及び地方裁判所で受理した人事訴訟事件を含み，平成25年以降は，高等裁判所が第一審として行う家事審判事件及び高等裁判所における家事調停事件の件数も含む。
３　「少年」には，家庭裁判所で受理した成人の刑事事件を含む。

年　次	民事・行政(件)	刑　事(人)	家　事(件)	少　年(人)	計
昭和 27 年	549, 710	1, 554, 476	365, 618	190, 061	2, 659, 865
30	827, 659	2, 543, 083	358, 156	341, 607	4, 070, 505
35	970, 134	3, 353, 027	336, 057	792, 255	5, 451, 473
40	1, 255, 547	5, 208, 541	302, 856	1, 086, 878	7, 853, 822
45	1, 231, 321	2, 309, 724	280, 021	790, 880	4, 611, 946
50	1, 076, 665	2, 830, 403	299, 806	440, 914	4, 647, 788
55	1, 469, 848	2, 696, 551	349, 774	587, 784	5, 103, 957
60	2, 548, 584	3, 042, 239	403, 230	686, 512	6, 680, 565
平成 元 年	1, 829, 833	1, 713, 973	350, 542	505, 226	4, 399, 574
2	1, 715, 193	1, 693, 734	342, 998	483, 442	4, 235, 367
3	1, 852, 084	1, 656, 521	352, 102	445, 692	4, 306, 399
4	2, 171, 766	1, 701, 470	370, 917	402, 231	4, 646, 384
5	2, 350, 698	1, 699, 003	396, 546	358, 158	4, 804, 405
6	2, 436, 256	1, 638, 764	404, 080	323, 551	4, 802, 651
7	2, 411, 360	1, 555, 364	412, 031	295, 556	4, 674, 311
8	2, 547, 582	1, 620, 053	426, 511	300, 755	4, 894, 901
9	2, 680, 283	1, 687, 900	449, 164	319, 010	5, 136, 357
10	2, 975, 984	1, 670, 486	487, 477	320, 945	5, 454, 892
11	2, 998, 593	1, 702, 272	520, 971	300, 365	5, 522, 201
12	3, 051, 709	1, 638, 040	560, 935	286, 470	5, 537, 154
13	3, 098, 011	1, 649, 946	596, 478	287, 682	5, 632, 117
14	3, 298, 354	1, 654, 770	638, 195	284, 868	5, 876, 187
15	3, 520, 500	1, 636, 719	683, 716	274, 267	6, 115, 202
16	3, 172, 564	1, 607, 589	700, 072	261, 806	5, 742, 031
17	2, 712, 823	1, 568, 158	717, 842	236, 531	5, 235, 354
18	2, 621, 130	1, 495, 046	742, 670	214, 801	5, 073, 647
19	2, 255, 536	1, 341, 657	751, 500	197, 639	4, 546, 332
20	2, 252, 437	1, 238, 800	766, 013	175, 734	4, 432, 984
21	2, 408, 568	1, 215, 143	799, 572	173, 946	4, 597, 229
22	2, 179, 358	1, 158, 443	815, 052	165, 058	4, 317, 911
23	1, 985, 302	1, 105, 829	815, 524	153, 128	4, 059, 783
24	1, 707, 714	1, 098, 980	857, 229	134, 185	3, 798, 108
25	1, 524, 017	1, 050, 680	916, 408	123, 088	3, 614, 193
26	1, 455, 731	1, 018, 601	910, 676	109, 024	3, 494, 032
27	1, 432, 322	1, 032, 650	969, 989	94, 889	3, 529, 850
28	1, 470, 656	998, 912	1, 022, 853	83, 323	3, 575, 744
29	1, 529, 390	959, 457	1, 050, 268	74, 756	3, 613, 871
30	1, 552, 739	937, 192	1, 066, 375	66, 219	3, 622, 525
令和 元 年	1, 523, 334	885, 388	1, 091, 885	57, 718	3, 558, 325
2	1, 350, 254	852, 267	1, 105, 470	52, 765	3, 360, 756

2　民事事件

§1　民事・行政訴訟事件

(1)　第一審民事通常訴訟事件

①　地方裁判所

年次	新受	既済	未済
平成元年	110,970	115,502	106,561
2	106,871	112,020	101,412
3	112,080	111,958	101,534
4	129,437	122,780	108,191
5	143,511	137,934	113,768
6	146,392	144,693	115,467
7	144,479	146,651	113,295
8	142,959	145,858	110,396
9	146,588	147,373	109,611
10	152,678	156,683	105,606
11	150,952	154,395	102,163
12	156,850	158,781	100,232
13	155,541	157,451	98,322
14	153,959	155,755	96,526
15	157,833	159,032	95,327
16	138,498	143,294	82,913
17	132,654	133,006	82,561
18	148,767	142,976	88,352
19	182,290	172,885	97,757
20	199,522	192,233	105,046
21	235,508	214,512	126,042
22	222,594	227,435	121,201
23	196,366	212,492	105,075
24	161,313	168,229	98,159
25	147,390	149,930	95,619
26	142,488	141,008	97,099
27	143,817	140,974	99,942
28	148,307	148,023	100,226
29	146,680	145,984	100,922
30	138,444	138,682	100,684
令和元年	134,935	131,557	104,062
2	133,427	122,749	114,740

(注) 平成16年4月に人事訴訟事件を家庭裁判所に移管するまでの数値については，民事通常訴訟事件に人事訴訟事件を含んだ数値である。

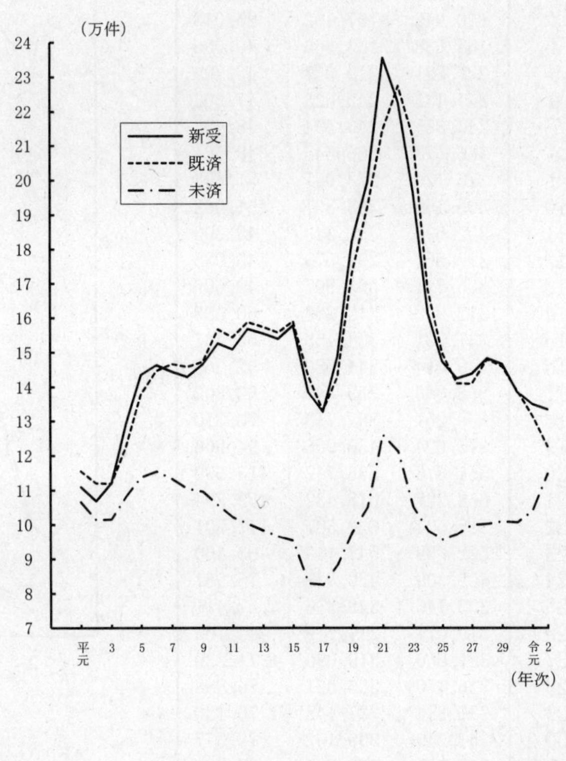

(終局区分別既済事件数)

年次	判決			和解	その他
	全体	(内対席)	(内欠席)		
平成元年	51,667	29,429	22,007	39,358	24,470
2	48,909	28,513	20,172	39,297	23,810
3	50,857	29,351	21,284	38,941	22,159
4	57,454	32,599	24,578	40,582	24,739
5	64,220	36,932	27,067	44,046	29,655
6	67,848	38,602	29,041	46,900	29,943
7	69,867	40,567	29,092	48,140	28,637
8	71,630	41,982	29,405	47,473	26,751
9	73,122	42,953	29,904	47,671	26,577
10	79,631	46,912	32,691	50,102	26,948
11	78,583	47,270	31,270	49,435	26,371
12	80,542	49,204	31,298	50,779	27,458
13	79,414	48,923	30,454	51,205	26,832
14	77,831	48,308	29,467	51,464	26,459
15	77,669	47,294	30,311	53,131	28,232
16	68,879	42,601	26,215	49,044	25,371
17	61,994	39,094	22,853	45,313	25,699
18	60,543	37,742	22,691	46,426	36,007
19	61,310	38,707	22,505	49,783	61,792
20	62,064	40,410	21,578	55,057	75,112
21	68,510	46,476	21,962	59,203	86,799
22	83,789	60,569	23,134	72,683	70,963
23	70,685	48,200	22,418	68,860	72,947
24	69,742	47,308	22,377	57,373	41,114
25	64,744	42,747	21,912	51,057	34,129
26	61,455	40,198	21,196	48,693	30,860
27	59,866	38,373	21,456	50,694	30,414
28	61,323	36,803	24,463	52,960	33,740
29	58,642	35,502	23,106	53,037	34,305
30	57,370	33,487	23,839	51,448	29,864
令和元年	57,549	32,730	24,779	50,623	23,385
2	53,084	28,747	24,306	43,364	26,301

(注) 1　平成16年4月に人事訴訟事件を家庭裁判所に移管するまでの数値については，民事通常訴訟事件に人事訴訟事件を含んだ数値である。
　　 2　「判決」欄の「全体」の中には，対席又は欠席のいずれにも分類されないものを含む。

② 簡易裁判所

年 次	新 受	既 済	未 済
平成 元 年	112, 472	118, 019	24, 083
2	96, 635	99, 545	21, 173
3	110, 942	107, 102	25, 013
4	168, 588	153, 566	40, 035
5	227, 791	219, 027	48, 799
6	244, 131	245, 628	47, 302
7	244, 865	243, 534	48, 633
8	266, 573	266, 645	48, 561
9	276, 120	273, 087	51, 594
10	306, 169	305, 801	51, 962
11	302, 690	306, 349	48, 303
12	297, 261	299, 579	45, 985
13	305, 711	301, 997	49, 699
14	312, 952	312, 263	50, 388
15	337, 231	334, 188	53, 431
16	349, 014	344, 580	57, 865
17	355, 386	352, 449	60, 802
18	398, 261	382, 753	76, 310
19	475, 624	456, 968	94, 966
20	551, 875	533, 742	113, 099
21	658, 227	618, 432	152, 894
22	585, 594	620, 587	117, 901
23	522, 639	547, 140	93, 400
24	403, 309	420, 728	75, 981
25	333, 746	342, 316	67, 411
26	319, 071	317, 719	68, 763
27	321, 666	319, 090	71, 339
28	326, 170	326, 621	70, 888
29	336, 384	337, 142	70, 130
30	341, 349	339, 102	72, 377
令和 元 年	344, 101	337, 797	78, 681
2	309, 362	295, 365	92, 678

（注） 少額訴訟から通常移行したものは含まない。

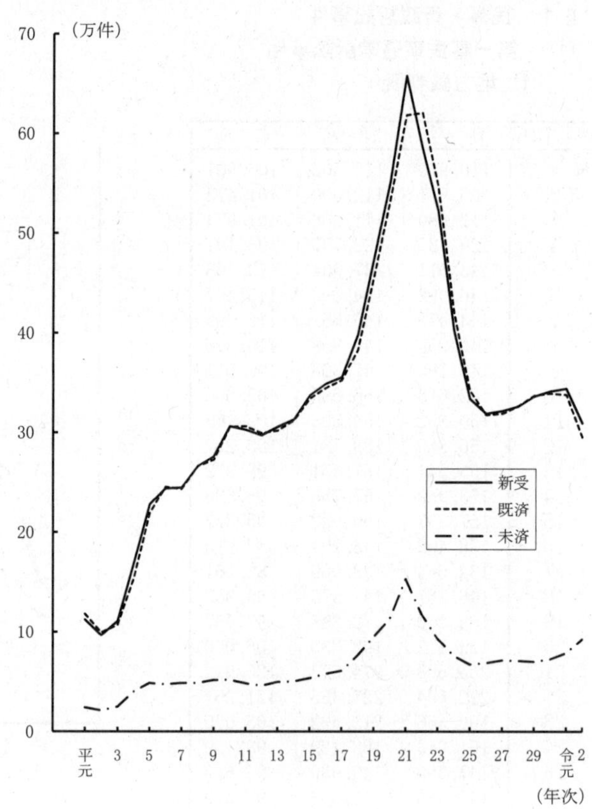

（終局区分別既済事件数）

年 次	判 決			和 解	その他
	全 体	（内対席）	（内欠席）		
平成 元 年	57, 686	11, 231	46, 372	25, 661	34, 672
2	48, 440	8, 942	39, 300	21, 993	29, 112
3	51, 042	9, 875	41, 004	26, 096	29, 964
4	69, 234	15, 057	54, 091	41, 489	42, 843
5	97, 736	22, 538	75, 109	62, 585	58, 706
6	109, 014	24, 803	84, 142	67, 697	68, 917
7	112, 432	26, 006	86, 316	68, 253	62, 849
8	128, 062	29, 516	98, 441	69, 858	68, 725
9	132, 351	30, 435	101, 843	70, 431	70, 305
10	152, 371	36, 598	115, 771	80, 190	73, 240
11	151, 289	39, 940	111, 335	80, 554	74, 506
12	142, 739	39, 322	103, 396	84, 676	72, 164
13	142, 959	40, 920	102, 020	85, 429	73, 609
14	148, 599	42, 080	106, 502	85, 287	78, 377
15	156, 993	42, 635	114, 344	85, 684	91, 511
16	156, 515	39, 958	116, 523	84, 883	103, 182
17	148, 932	37, 382	111, 495	83, 177	120, 340
18	153, 118	35, 163	117, 886	80, 093	149, 542
19	157, 516	41, 127	116, 323	77, 950	221, 502
20	177, 441	49, 188	128, 205	75, 089	281, 212
21	212, 001	81, 745	130, 206	85, 409	321, 022
22	225, 004	109, 761	115, 177	77, 183	318, 400
23	192, 699	80, 626	112, 033	59, 641	294, 800
24	167, 128	65, 858	101, 245	49, 610	203, 990
25	138, 957	52, 818	86, 120	41, 439	161, 920
26	124, 980	45, 217	79, 751	40, 261	152, 478
27	127, 930	44, 291	83, 619	39, 711	151, 449
28	131, 705	43, 469	88, 204	39, 370	155, 546
29	136, 217	42, 744	93, 451	37, 672	163, 253
30	137, 704	42, 615	95, 074	35, 283	166, 115
令和 元 年	139, 843	42, 996	96, 831	34, 353	163, 601
2	120, 358	36, 269	84, 063	27, 161	147, 846

（注） 1　少額訴訟から通常移行したものは含まない。
2　「判決」欄の「全体」の中には，対席又は欠席のいずれにも分類されないものを含む。

（民事第一審通常訴訟既済事件数－弁護士選任状況別－全地方裁判所）

	総　数	弁護士選任有			本人のみ
		双方	原告側のみ	被告側のみ	
平成１１年	154,389	63,661	52,536	6,188	32,004
１２年	158,779	65,651	52,162	6,978	33,988
１３年	157,451	61,975	54,738	7,469	33,269
１４年	155,754	60,681	54,728	7,288	33,057
１５年	159,032	61,151	55,432	7,224	35,225
１６年	143,294	55,524	50,907	6,531	30,332
１７年	133,006	52,963	47,679	5,719	26,645
１８年	142,976	54,305	52,258	5,989	30,424
１９年	172,885	56,262	68,153	7,308	41,162
２０年	192,233	58,420	77,157	8,426	48,230
２１年	214,512	59,812	91,244	9,086	54,370
２２年	227,435	63,148	102,983	8,390	52,914
２３年	212,492	63,672	92,114	8,721	47,985
２４年	168,229	63,308	65,070	7,382	32,469
２５年	149,930	60,700	58,080	5,849	25,301
２６年	141,008	60,124	54,430	5,012	21,442
２７年	140,974	62,287	54,899	4,689	19,099
２８年	148,023	64,197	55,582	4,389	23,855
２９年	145,984	64,687	54,392	4,032	22,873
３０年	138,682	63,055	53,488	3,803	18,336
令和　元年	131,557	61,750	54,718	3,896	11,193
２年	122,749	54,625	54,796	3,439	9,889

（注）　平成１６年４月に人事訴訟事件を家庭裁判所に移管するまでの数値については，民事通常訴訟事件に人事訴訟事件を含んだ数値である。

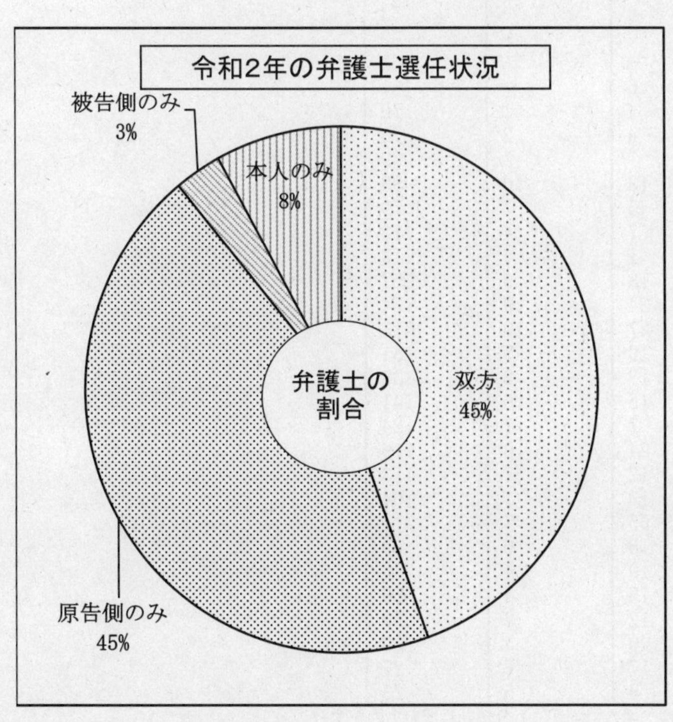

(2) 第一審行政訴訟事件

① 高等裁判所

年次	新受	既済	未済
平成 元 年	286	357	424
2	303	340	387
3	347	330	404
4	261	237	428
5	245	257	416
6	300	261	455
7	338	289	504
8	345	348	501
9	364	348	517
10	423	449	491
11	482	491	482
12	527	474	535
13	615	515	635
14	666	606	695
15	636	767	564
16	582	704	442
17	1,052	1,059	435
18	597	635	397
19	499	583	313
20	547	535	325
21	498	486	337
22	466	520	283
23	486	455	314
24	521	493	342
25	530	638	234
26	349	365	218
27	342	361	199
28	347	338	208
29	309	296	221
30	212	291	142
令和 元 年	263	241	164
2	175	186	153

(注) 平成17年の新受及び既済には，4月1日に知的財産高等裁判所が設置されたことに伴う，東京高等裁判所から知的財産高等裁判所への回付分（400件）が含まれている。
なお，回付件数については各庁からの報告に基づくものであり概数である。

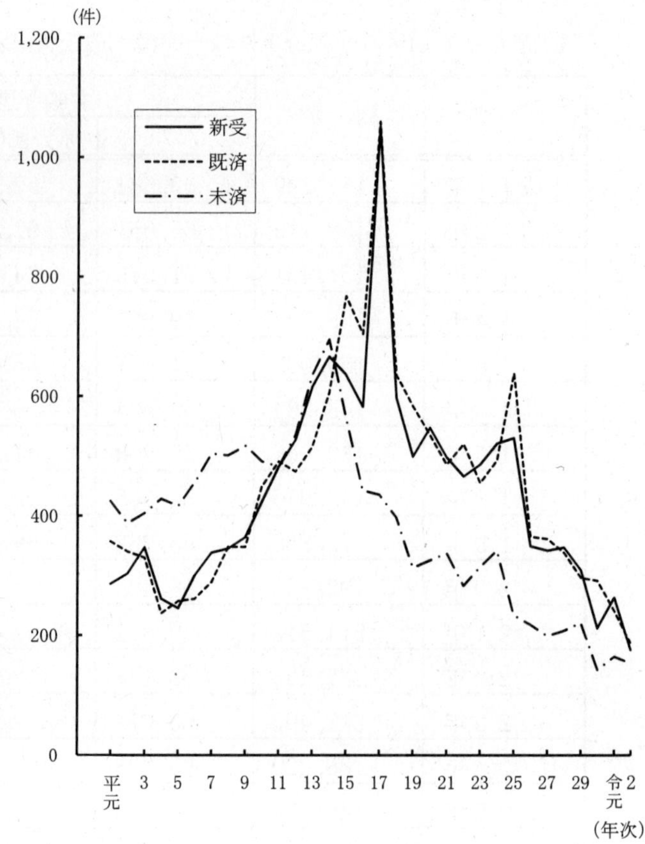

(終局区分別既済事件数)

年次	判決 全体	判決 (内対席)	判決 (内欠席)	和解	その他
平成 元 年	285	282	1	1	71
2	279	275	−	−	61
3	248	244	−	−	82
4	184	157	2	−	53
5	185	180	−	−	72
6	198	197	−	−	63
7	228	213	6	−	61
8	277	270	4	1	70
9	270	266	4	2	76
10	347	336	7	3	99
11	398	385	13	10	83
12	388	383	5	7	79
13	399	392	7	4	112
14	429	428	1	4	173
15	596	578	18	9	162
16	561	537	24	9	134
17	436	409	27	10	613
18	447	437	10	7	181
19	443	430	13	2	138
20	388	373	15	6	141
21	355	348	7	7	124
22	394	369	24	10	116
23	335	323	12	7	113
24	388	378	10	1	104
25	520	462	55	7	111
26	290	274	16	6	69
27	281	262	19	4	76
28	278	263	15	4	56
29	235	222	12	2	59
30	258	237	20	4	29
令和 元 年	207	190	17	7	27
2	158	150	8	5	23

(注) 「判決」欄の「全体」の中には，対席又は欠席のいずれにも分類されないものを含む。

② 地方裁判所

年 次	新 受	既 済	未 済
平成 元 年	833	836	1,722
2	888	958	1,652
3	939	855	1,736
4	877	857	1,756
5	1,047	1,024	1,779
6	1,150	1,140	1,789
7	1,018	948	1,859
8	1,235	990	2,104
9	1,337	1,207	2,234
10	1,318	1,359	2,193
11	1,305	1,414	2,083
12	1,483	1,467	2,099
13	1,484	1,415	2,168
14	1,654	1,598	2,224
15	1,856	1,730	2,350
16	1,844	1,991	2,203
17	1,863	1,774	2,292
18	2,081	1,908	2,465
19	2,211	2,193	2,483
20	2,170	2,119	2,534
21	2,029	2,034	2,529
22	2,195	2,136	2,588
23	2,268	2,176	2,680
24	2,417	2,441	2,656
25	2,237	2,243	2,650
26	2,106	2,184	2,572
27	2,486	2,206	2,852
28	2,094	2,375	2,571
29	2,011	2,056	2,526
30	1,892	1,946	2,472
令和 元 年	1,810	1,920	2,362
2	1,692	1,553	2,501

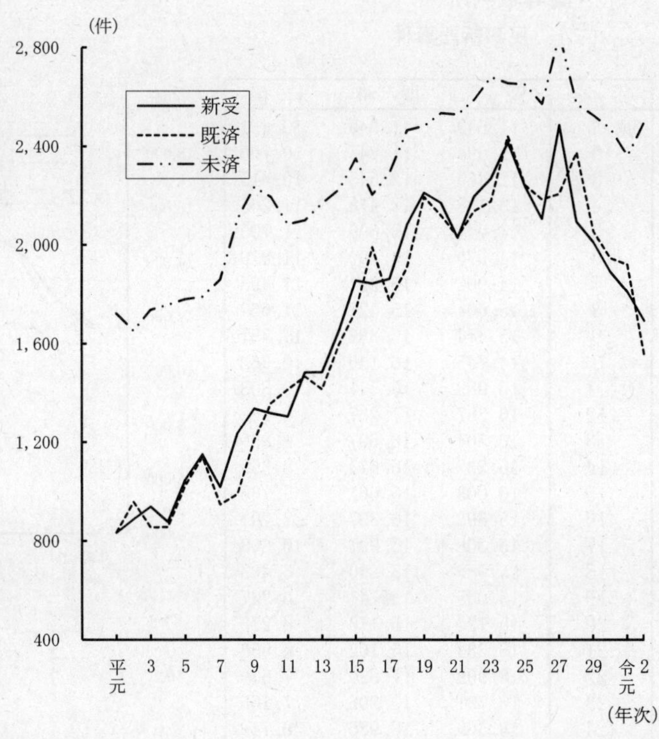

(終局区分別既済事件数)

年次	判 決			和 解	その他
	全 体	(内対席)	(内欠席)		
平成 元 年	527	443	7	16	294
2	617	514	−	16	323
3	527	438	1	14	314
4	570	501	2	24	262
5	694	552	3	17	312
6	771	593	2	11	356
7	667	594	1	18	261
8	651	590	1	29	306
9	764	699	−	27	414
10	960	904	−	22	375
11	1,081	1,006	75	30	301
12	1,108	1,032	75	36	323
13	1,032	966	66	44	339
14	1,179	1,110	68	60	358
15	1,181	1,072	109	48	500
16	1,459	1,308	150	44	488
17	1,228	1,141	86	22	524
18	1,346	1,237	109	23	539
19	1,704	1,591	113	17	472
20	1,643	1,512	128	18	458
21	1,575	1,462	113	20	439
22	1,587	1,442	138	70	479
23	1,646	1,466	172	28	502
24	1,922	1,678	238	25	494
25	1,766	1,607	143	12	465
26	1,745	1,610	120	13	426
27	1,680	1,501	164	23	503
28	1,847	1,644	187	19	509
29	1,554	1,381	158	22	480
30	1,432	1,289	132	23	491
令和 元 年	1,468	1,313	152	24	428
2	1,105	998	103	7	441

(注) 「判決」欄の「全体」の中には，対席又は欠席のいずれにも分類されないものを含む。

(3) 控訴事件

① 高等裁判所

(ア) 民事訴訟事件

年次	新受	既済	未済
平成 元 年	11,649	11,549	10,451
2	12,094	11,845	10,700
3	12,463	12,548	10,615
4	13,128	12,478	11,265
5	14,041	13,606	11,700
6	14,570	14,460	11,810
7	14,906	15,221	11,495
8	15,601	15,427	11,669
9	15,474	15,386	11,757
10	14,745	16,140	10,362
11	15,982	16,541	9,803
12	16,387	17,267	8,923
13	16,504	16,597	8,830
14	16,237	16,674	8,393
15	16,003	16,661	7,735
16	15,893	16,337	7,291
17	15,308	15,991	6,608
18	15,085	15,290	6,403
19	15,065	15,141	6,327
20	15,124	15,176	6,275
21	15,383	15,102	6,556
22	18,909	17,826	7,639
23	18,731	19,205	7,165
24	18,569	18,986	6,748
25	16,522	17,072	6,198
26	15,310	15,308	6,200
27	15,067	15,612	5,655
28	14,145	14,415	5,385
29	13,584	13,744	5,225
30	12,567	12,922	4,870
令和 元 年	12,416	12,228	5,058
2	10,760	10,398	5,420

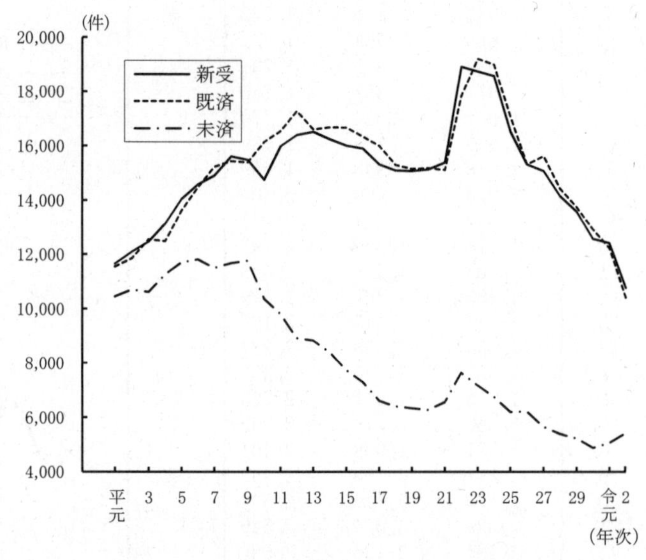

(イ) 行政訴訟事件

年次	新受	既済	未済
平成 元 年	296	275	349
2	341	347	343
3	319	341	321
4	318	303	336
5	445	394	387
6	460	451	396
7	407	381	422
8	372	414	380
9	427	395	412
10	485	503	394
11	619	533	480
12	703	717	466
13	604	664	406
14	658	649	415
15	667	715	367
16	769	734	402
17	703	686	419
18	684	715	388
19	817	804	401
20	870	832	439
21	860	893	406
22	856	854	408
23	874	889	393
24	984	955	422
25	994	1,009	407
26	998	977	428
27	943	944	427
28	1,116	1,080	463
29	941	1,013	391
30	811	856	346
令和 元 年	804	777	373
2	619	628	364

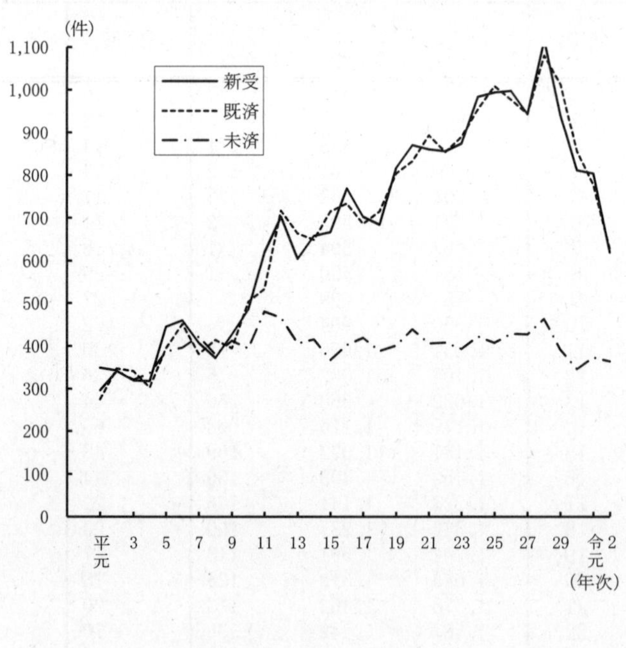

② 地方裁判所

年次	新受	既済	未済
平成 元 年	1,644	1,835	1,508
2	1,449	1,616	1,341
3	1,362	1,485	1,218
4	1,488	1,508	1,198
5	1,868	1,722	1,344
6	1,956	2,021	1,279
7	1,895	1,990	1,184
8	1,999	2,095	1,088
9	2,023	2,038	1,073
10	2,307	2,408	972
11	2,781	2,699	1,054
12	2,957	2,959	1,052
13	3,099	3,051	1,100
14	3,053	3,165	988
15	3,096	3,064	1,020
16	3,140	3,032	1,128
17	3,098	2,987	1,239
18	2,962	3,075	1,126
19	3,527	3,220	1,433
20	4,261	4,203	1,491
21	5,529	4,524	2,496
22	13,421	12,027	3,890
23	13,418	12,784	4,524
24	11,483	12,101	3,906
25	8,590	8,829	3,667
26	6,674	7,511	2,830
27	5,895	6,454	2,271
28	5,061	5,552	1,780
29	5,134	5,167	1,747
30	4,404	4,626	1,525
令和 元 年	3,999	3,944	1,580
2	3,710	3,638	1,652

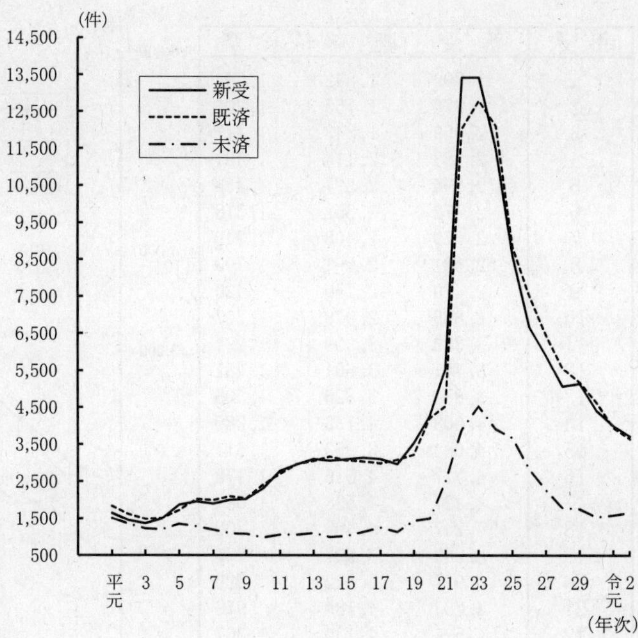

(4)　上告事件（特別上告を含まない。平成１０年以降は上告受理を含む。）

①　最高裁判所

（ア）　民事訴訟事件

年　次	新　受	既　済	未　済
平成 元 年	1,799	1,842	1,084
2	1,870	1,753	1,201
3	2,059	1,843	1,417
4	2,188	2,114	1,491
5	2,294	2,327	1,458
6	2,472	2,352	1,578
7	2,579	2,408	1,749
8	2,621	2,661	1,709
9	2,470	2,759	1,420
10	2,865	2,978	1,307
11	3,383	3,399	1,291
12	3,761	3,601	1,451
13	3,880	3,826	1,505
14	4,008	4,133	1,380
15	4,084	3,953	1,511
16	4,277	4,616	1,172
17	4,427	4,538	1,061
18	4,247	4,499	809
19	3,869	3,907	771
20	3,977	3,822	926
21	4,234	4,184	976
22	4,521	4,130	1,367
23	4,786	3,970	2,183
24	5,099	5,111	2,171
25	4,905	5,108	1,968
26	4,484	4,784	1,668
27	4,176	4,656	1,188
28	4,222	4,480	930
29	4,056	4,038	948
30	3,826	3,775	999
令和 元 年	3,807	3,762	1,044
2	3,290	3,467	867

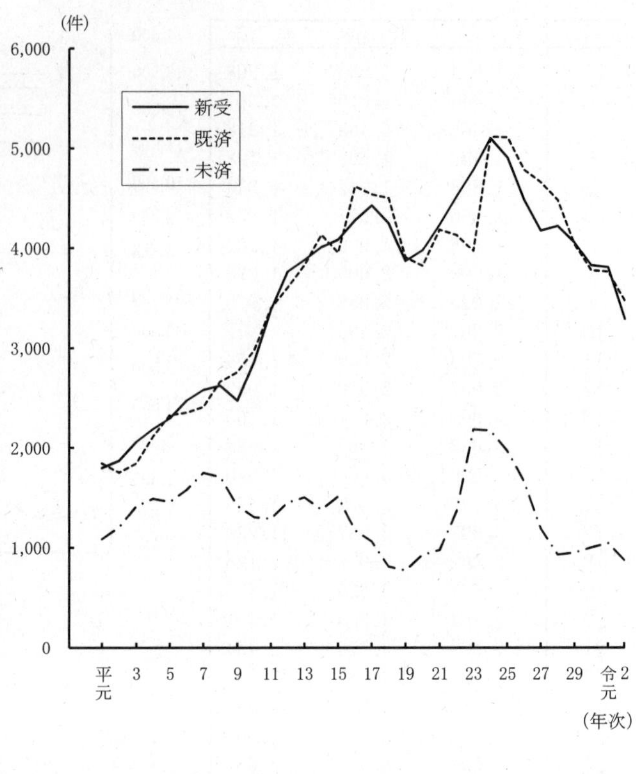

（イ）　行政訴訟事件

年　次	新　受	既　済	未　済
平成 元 年	174	199	140
2	216	217	139
3	236	203	172
4	218	212	178
5	206	233	151
6	254	191	214
7	215	210	219
8	271	198	292
9	248	274	266
10	425	413	278
11	520	492	306
12	732	600	438
13	727	528	637
14	613	669	581
15	709	763	527
16	710	767	470
17	764	734	500
18	735	827	408
19	747	872	283
20	878	756	405
21	854	899	360
22	974	899	435
23	878	816	497
24	870	1,003	364
25	1,089	1,033	420
26	998	1,020	398
27	997	1,018	377
28	921	1,000	298
29	906	999	205
30	852	865	192
令和 元 年	756	763	185
2	668	691	162

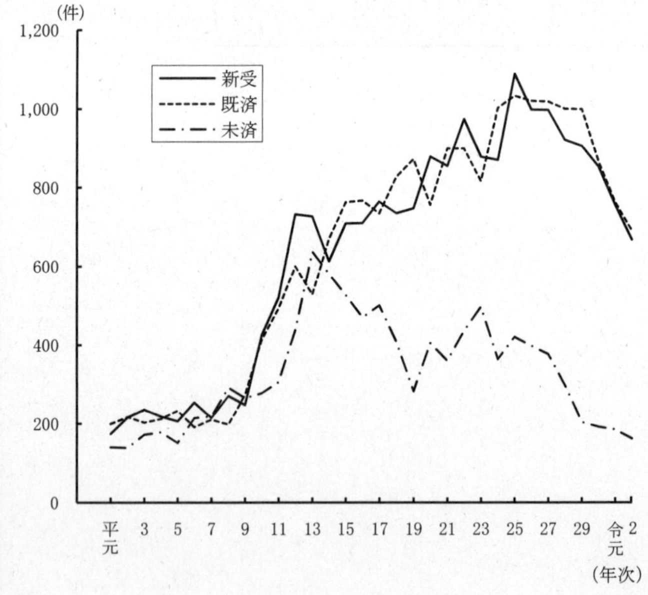

② 高等裁判所

年次	新受	既済	未済
平成元年	256	282	158
2	253	232	179
3	218	255	142
4	213	226	129
5	215	232	112
6	249	239	122
7	226	205	143
8	227	234	136
9	195	225	106
10	201	219	88
11	233	196	125
12	244	249	120
13	227	244	103
14	226	223	106
15	245	232	119
16	298	315	102
17	313	299	116
18	331	332	115
19	355	325	145
20	415	414	146
21	407	356	197
22	517	477	237
23	688	690	235
24	615	623	227
25	554	614	167
26	595	601	161
27	483	458	186
28	485	521	150
29	460	476	134
30	490	486	138
令和元年	422	445	115
2	359	391	83

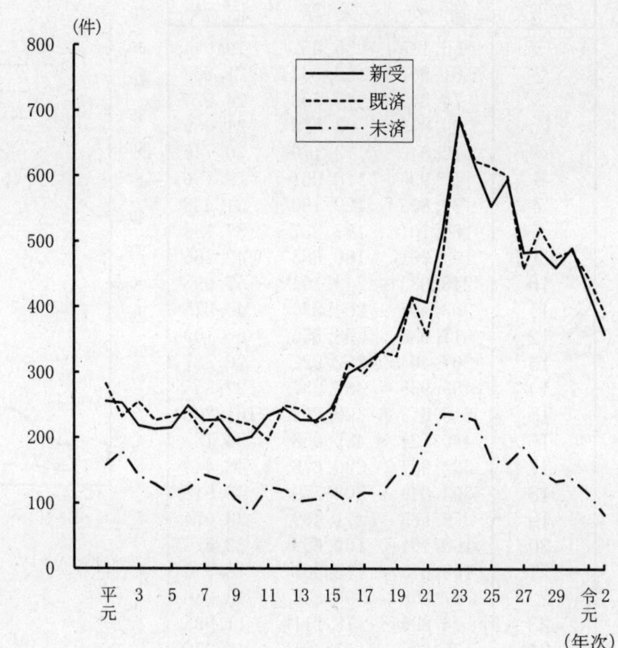

§2　民事調停事件

(1)　全事件

年次	新受	既済	未済
平成元年	56,115	55,852	19,944
2	61,007	59,683	21,268
3	74,349	70,693	24,924
4	99,973	93,828	31,069
5	112,846	113,170	30,745
6	117,996	118,961	29,780
7	130,808	129,150	31,438
8	165,107	159,357	37,188
9	194,761	189,683	42,266
10	248,833	243,101	47,998
11	263,507	264,830	46,675
12	317,986	298,556	66,105
13	367,404	362,922	70,587
14	489,955	467,687	92,855
15	615,313	606,802	101,366
16	440,724	485,953	56,137
17	322,987	330,676	48,448
18	304,049	303,579	48,918
19	255,565	271,409	33,074
20	150,161	160,659	22,576
21	108,615	112,861	18,330
22	87,808	90,888	15,250
23	74,896	78,211	11,935
24	55,862	57,421	10,376
25	47,596	47,436	10,536
26	43,862	44,393	10,005
27	40,760	40,263	10,502
28	39,191	39,635	10,058
29	35,939	35,988	10,009
30	34,019	34,112	9,916
令和元年	32,919	32,758	10,077
2	30,723	30,729	10,071

(注) 高等裁判所，地方裁判所及び簡易裁判所の合計の数値である。

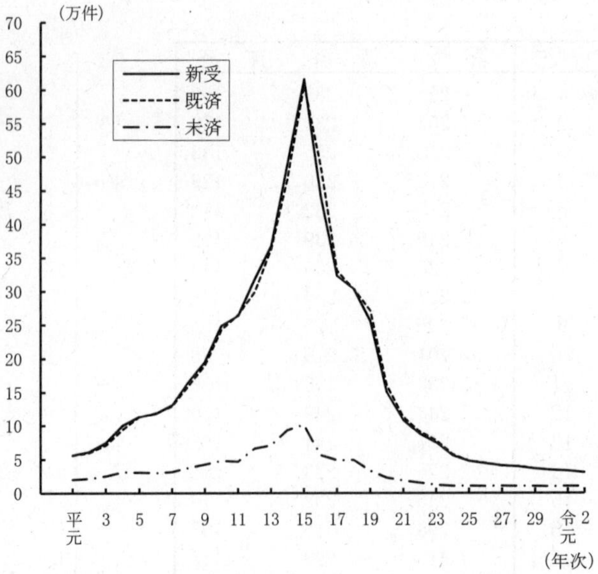

(終局区分別既済事件数)

年次	調停成立	不成立	調停に代わる決定	取下	その他
平成元年	30,300	11,996	340	12,305	889
2	32,424	11,870	735	13,609	1,029
3	37,767	13,187	1,781	16,801	1,143
4	49,660	16,049	4,090	22,133	1,883
5	58,937	18,404	8,614	25,011	2,183
6	59,663	18,357	12,539	24,956	3,435
7	64,459	18,726	16,425	28,062	1,464
8	78,066	20,598	22,610	35,839	2,237
9	90,635	22,524	31,046	41,560	3,897
10	112,578	25,561	44,380	56,222	4,349
11	116,218	26,469	55,989	61,397	4,746
12	119,014	27,161	80,868	65,229	6,277
13	120,651	30,602	123,952	75,772	11,935
14	111,488	29,433	218,464	92,017	16,279
15	81,459	28,214	367,267	108,819	21,036
16	42,852	23,708	323,165	80,837	15,386
17	29,684	19,380	216,076	56,323	9,205
18	24,587	16,847	204,745	50,892	6,499
19	21,449	15,621	186,242	43,529	4,558
20	18,669	14,162	100,776	24,959	2,088
21	17,895	15,066	61,597	17,048	1,253
22	17,181	14,553	45,860	11,941	1,345
23	19,093	13,957	35,209	8,220	1,728
24	15,656	13,822	20,223	6,624	1,090
25	14,302	12,433	13,401	6,403	890
26	13,697	11,807	10,862	7,175	844
27	13,160	10,568	9,664	5,983	876
28	12,827	10,686	9,060	6,047	1,004
29	11,982	9,882	8,415	4,713	986
30	11,239	9,404	8,073	4,538	847
令和元年	10,608	9,654	7,478	4,185	810
2	8,497	8,499	9,169	3,708	795

(注) 地方裁判所及び簡易裁判所の合計の数値である。

(2)　特定調停事件（内数）

年　次	新　受	既　済	未　済
平成 12 年	210, 866	163, 002	47, 864
13	294, 485	288, 012	54, 337
14	416, 668	394, 157	76, 848
15	537, 071	527, 762	86, 157
16	381, 503	424, 556	43, 104
17	274, 794	281, 814	36, 084
18	259, 297	257, 920	37, 461
19	208, 360	224, 052	21, 769
20	102, 688	112, 895	11, 562
21	56, 004	61, 079	6, 487
22	28, 229	31, 136	3, 580
23	11, 382	13, 496	1, 466
24	5, 514	6, 241	739
25	3, 849	3, 866	722
26	3, 371	3, 415	678
27	3, 078	3, 025	731
28	3, 090	3, 171	650
29	3, 394	3, 232	812
30	3, 363	3, 407	768
令和 元 年	2, 992	3, 041	719
2	2, 421	2, 455	685

（注）地方裁判所及び簡易裁判所の合計の数値である。

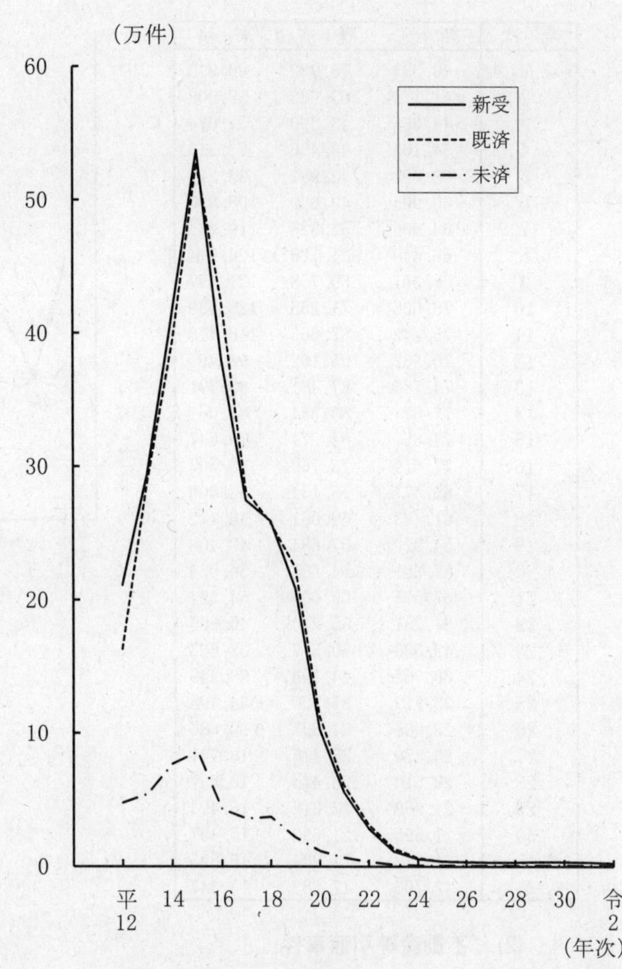

§3　民事執行事件

(1)　不動産執行事件

年　次	新　受	既　済	未　済
平成 元 年	48,334	78,982	80,913
2	41,179	63,083	59,009
3	44,055	43,390	59,674
4	54,105	40,466	73,313
5	62,891	42,987	93,217
6	63,905	49,029	108,093
7	63,966	52,825	119,234
8	66,649	61,169	124,714
9	66,301	69,758	121,257
10	78,538	71,256	128,539
11	75,242	87,063	116,718
12	76,852	95,102	98,468
13	74,784	87,481	85,771
14	77,674	83,384	80,061
15	74,857	84,271	70,647
16	71,619	78,759	63,507
17	65,477	75,184	53,800
18	61,433	69,061	46,172
19	54,920	57,684	43,408
20	67,201	54,585	56,024
21	67,575	69,005	54,594
22	51,281	65,210	40,665
23	43,595	50,577	33,683
24	38,962	44,196	28,449
25	33,719	37,760	24,408
26	28,085	31,807	20,686
27	25,470	27,415	18,741
28	23,510	25,414	16,837
29	21,969	23,312	15,494
30	21,595	21,632	15,457
令和 元 年	21,272	21,204	15,525
2	17,705	17,883	15,347

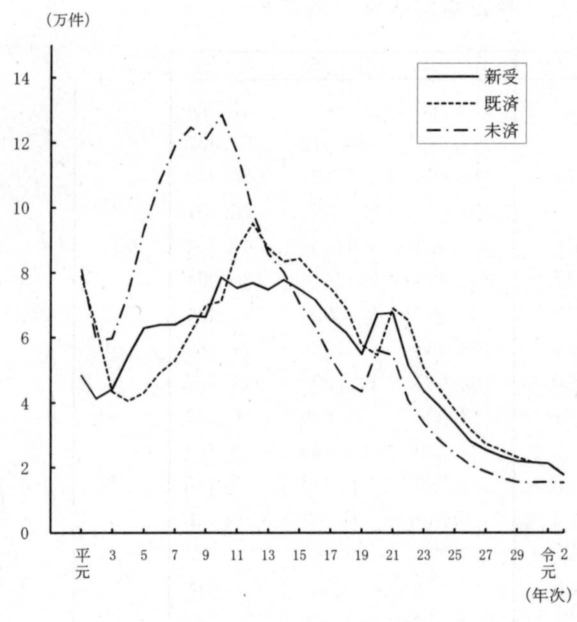

(2)　不動産等引渡事件

年　次	新　受	既　済	未　済
平成 元 年	14,344	14,570	4,449
2	12,873	13,394	3,928
3	11,805	11,731	4,002
4	12,649	12,406	4,245
5	13,301	13,170	4,376
6	13,482	13,407	4,451
7	14,408	14,161	4,698
8	15,250	15,303	4,645
9	16,791	16,571	4,865
10	20,186	19,855	5,196
11	22,842	22,865	5,173
12	26,245	25,845	5,573
13	27,980	27,607	5,946
14	27,641	28,012	5,575
15	28,713	29,123	5,165
16	27,784	28,892	4,057
17	27,473	27,946	3,584
18	27,526	27,783	3,327
19	26,610	26,825	3,112
20	25,962	25,715	3,359
21	27,353	27,135	3,577
22	29,742	29,704	3,615
23	27,140	27,744	3,011
24	25,354	25,440	2,925
25	24,554	24,786	2,693
26	22,878	22,783	2,788
27	22,020	22,157	2,651
28	21,866	22,023	2,494
29	22,749	22,437	2,806
30	22,922	23,054	2,674
令和 元 年	23,712	23,404	2,982
2	23,344	22,831	3,495

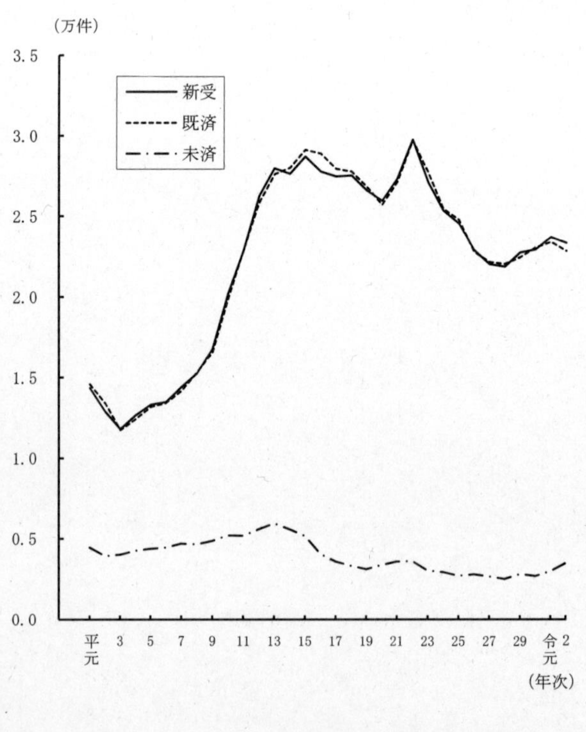

(3)　動産執行事件

年　次	新　受	既　済	未　済
平成 元 年	253, 963	277, 297	59, 022
2	208, 729	221, 410	46, 341
3	198, 915	199, 215	46, 041
4	212, 358	205, 785	52, 614
5	222, 949	224, 860	50, 702
6	225, 396	224, 870	51, 228
7	221, 854	224, 642	48, 440
8	202, 451	216, 995	33, 896
9	172, 150	178, 642	27, 404
10	161, 993	167, 308	22, 089
11	149, 853	153, 942	18, 000
12	142, 026	145, 473	14, 553
13	137, 984	137, 969	14, 568
14	135, 952	136, 291	14, 229
15	136, 101	138, 309	12, 021
16	129, 223	130, 342	10, 902
17	115, 438	117, 446	8, 894
18	109, 694	110, 641	7, 947
19	90, 900	92, 926	5, 921
20	73, 519	73, 904	5, 536
21	68, 589	68, 366	5, 759
22	72, 728	73, 370	5, 117
23	44, 470	46, 977	2, 610
24	35, 202	35, 492	2, 320
25	25, 301	25, 906	1, 715
26	23, 675	23, 620	1, 770
27	25, 196	25, 120	1, 846
28	25, 247	25, 293	1, 800
29	24, 405	24, 438	1, 767
30	20, 176	20, 401	1, 542
令和 元 年	18, 384	18, 365	1, 561
2	13, 788	14, 342	1, 007

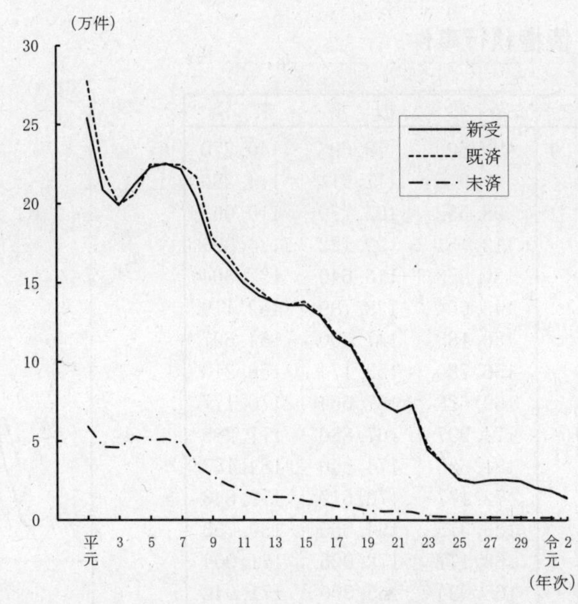

(4) 債権執行事件

年 次	新 受	既 済	未 済
平成 元 年	99,620	118,697	140,276
2	91,915	117,911	114,280
3	98,552	102,770	110,062
4	112,151	99,122	123,091
5	130,853	116,640	137,304
6	143,604	128,789	152,119
7	150,188	147,700	154,607
8	156,780	153,174	158,213
9	169,628	157,664	170,177
10	174,997	167,886	177,288
11	181,535	174,640	184,183
12	172,177	176,517	179,843
13	165,575	164,665	180,753
14	163,177	172,026	171,904
15	165,934	165,896	171,942
16	162,532	168,639	165,835
17	139,969	162,178	143,626
18	128,235	147,188	124,673
19	114,384	133,380	105,677
20	124,411	120,369	109,719
21	116,146	119,340	106,525
22	115,290	115,443	106,372
23	111,500	112,895	104,977
24	113,980	113,535	105,422
25	116,433	117,734	104,121
26	120,169	124,134	100,156
27	114,613	116,678	98,091
28	115,165	118,948	94,308
29	120,403	118,593	96,118
30	120,179	118,388	97,909
令和 元 年	131,717	126,706	102,920
2	119,710	124,160	98,470

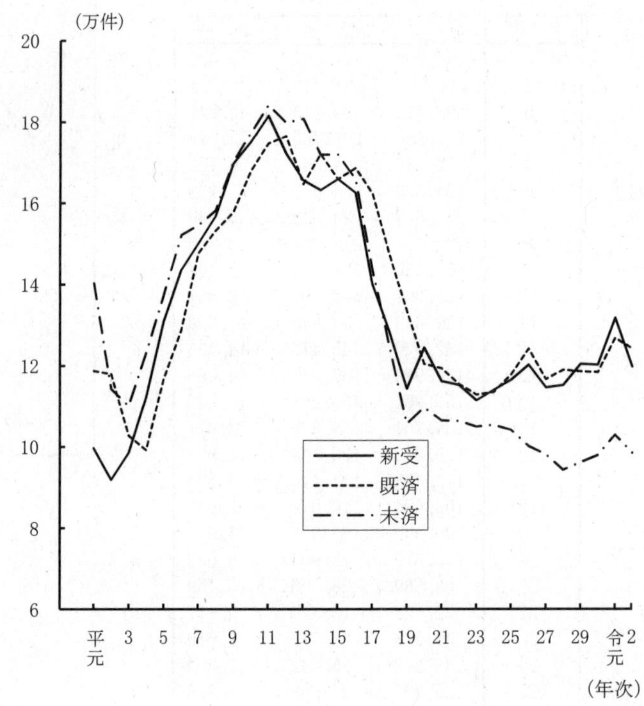

§4　民事保全事件

(1)　仮差押え事件

年次	新受	既済	未済
平成 元 年	27,365	27,428	405
2	25,018	25,120	303
3	31,326	31,269	360
4	36,164	35,989	535
5	36,767	36,571	731
6	36,214	36,284	661
7	34,341	34,399	603
8	33,819	33,845	577
9	35,404	35,199	782
10	40,639	40,695	726
11	36,793	36,627	892
12	32,088	32,465	515
13	33,732	33,373	874
14	32,496	32,561	809
15	29,889	30,102	596
16	22,404	22,579	421
17	19,517	19,579	359
18	17,703	17,810	252
19	17,538	17,474	316
20	17,554	17,512	358
21	15,314	15,396	276
22	12,857	12,907	226
23	12,119	12,133	212
24	11,771	11,678	305
25	10,444	10,491	258
26	10,034	10,029	263
27	9,548	9,565	246
28	9,203	9,194	255
29	9,152	9,182	225
30	8,868	8,899	194
令和 元 年	8,558	8,506	246
2	7,551	7,561	236

(注) 地方裁判所及び簡易裁判所の合計の数値である。

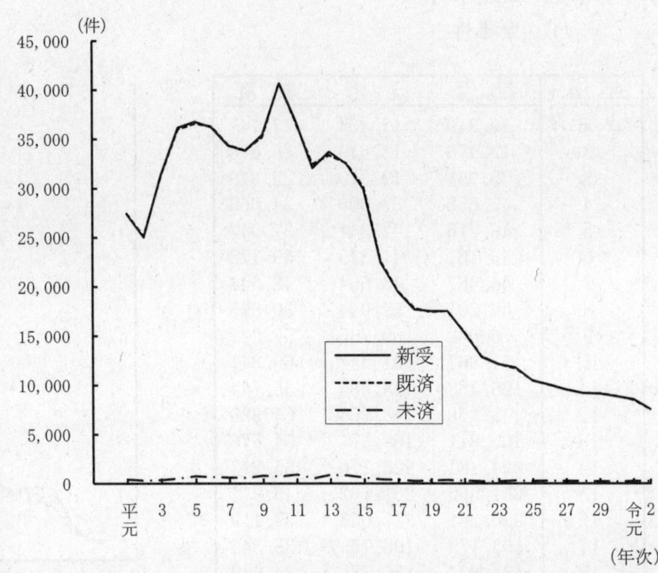

(2)　仮処分事件

年次	新受	既済	未済
平成 元 年	15,290	15,348	1,702
2	14,635	14,735	1,602
3	13,461	13,558	1,505
4	13,493	13,465	1,533
5	13,074	12,923	1,684
6	12,770	12,759	1,695
7	11,922	11,937	1,680
8	12,184	12,145	1,719
9	11,930	11,983	1,666
10	11,569	11,687	1,548
11	11,340	11,404	1,484
12	13,062	13,132	1,414
13	10,754	10,913	1,255
14	9,921	10,076	1,100
15	9,060	9,198	962
16	8,824	8,832	954
17	8,235	8,388	801
18	7,901	8,046	656
19	7,413	7,431	638
20	7,120	7,142	616
21	7,326	7,217	725
22	6,759	6,838	646
23	7,004	6,990	660
24	7,116	7,116	660
25	6,720	6,710	670
26	6,595	6,651	614
27	6,331	6,344	601
28	6,344	6,326	619
29	6,407	6,397	629
30	6,332	6,284	677
令和 元 年	5,996	6,014	659
2	6,041	5,892	808

(注) 地方裁判所及び簡易裁判所の合計の数値である。

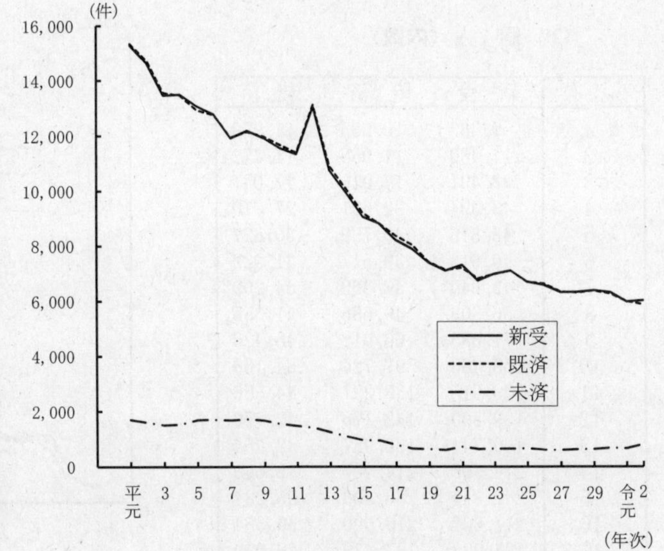

§5　倒産事件

(1)　破産事件

①　全事件

年次	新受	既済	未済
平成元年	10,319	12,454	17,747
2	12,478	13,619	16,606
3	25,091	19,379	22,318
4	45,658	33,908	34,068
5	46,216	42,341	37,943
6	43,161	41,379	39,725
7	46,487	43,564	42,648
8	60,291	52,044	50,895
9	76,032	69,706	57,221
10	111,067	101,447	66,841
11	128,488	138,585	56,744
12	145,858	148,266	54,336
13	168,811	168,571	54,576
14	224,467	223,770	55,273
15	251,800	261,162	45,911
16	220,261	227,053	39,119
17	193,179	196,755	35,543
18	174,861	175,735	34,669
19	157,889	157,845	34,713
20	140,941	139,101	36,553
21	137,957	137,346	37,164
22	131,370	134,767	33,767
23	110,451	114,557	29,661
24	92,555	95,543	26,673
25	81,136	83,116	24,693
26	73,370	75,799	22,264
27	71,533	72,026	21,771
28	71,840	71,315	22,296
29	76,015	75,069	23,242
30	80,012	78,516	24,738
令和元年	80,202	79,318	25,622
2	78,104	79,348	24,378

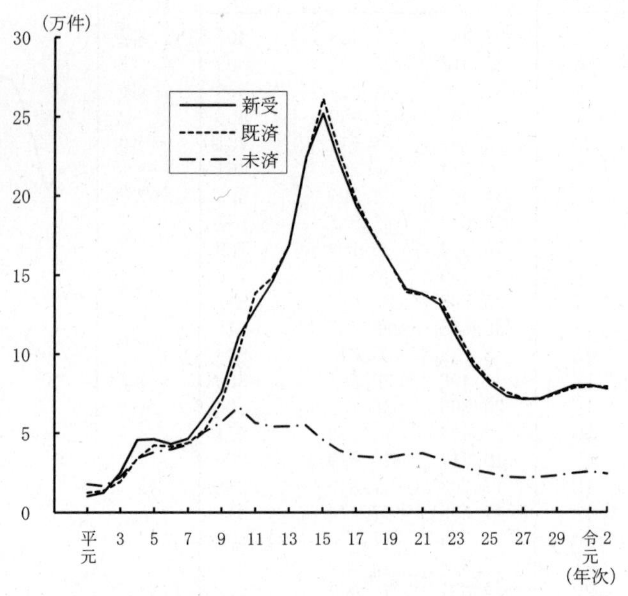

②　個　人（内数）

年次	新受	既済	未済
平成元年	9,433	10,885	11,950
2	11,480	11,958	11,472
3	23,491	17,916	17,047
4	43,394	32,631	27,810
5	43,816	40,799	30,827
6	40,613	39,517	31,922
7	43,649	41,362	34,209
8	56,802	49,656	41,355
9	71,683	66,612	46,426
10	105,468	97,726	54,168
11	123,915	133,227	44,856
12	139,590	142,176	42,270
13	160,741	160,957	42,054
14	214,996	214,407	42,643
15	242,849	250,208	35,284
16	211,860	216,590	30,554
17	184,923	187,438	28,039
18	166,339	166,984	27,394
19	148,524	149,061	26,857
20	129,883	129,449	27,291
21	126,533	126,027	27,797
22	121,150	123,283	25,664
23	100,736	104,252	22,148
24	82,902	85,322	19,728
25	72,288	73,753	18,263
26	65,394	67,132	16,525
27	64,081	64,182	16,424
28	64,872	64,118	17,178
29	68,995	67,972	18,201
30	73,268	71,840	19,629
令和元年	73,292	72,595	20,326
2	71,838	72,586	19,578

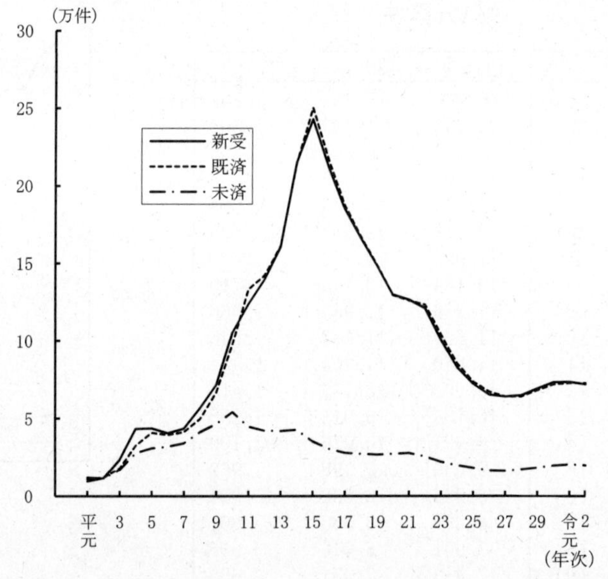

(2) 民事再生事件

① 通常再生事件

年次	新受	既済	未済
平成12年	662	88	574
13	1,110	295	1,389
14	1,093	454	2,028
15	941	507	2,462
16	712	834	2,340
17	646	1,010	1,976
18	598	941	1,633
19	654	814	1,473
20	859	731	1,601
21	659	661	1,599
22	348	565	1,382
23	325	567	1,140
24	305	615	830
25	209	432	607
26	165	291	481
27	158	277	362
28	151	196	317
29	140	179	278
30	114	157	235
令和元年	145	122	258
2	109	152	215

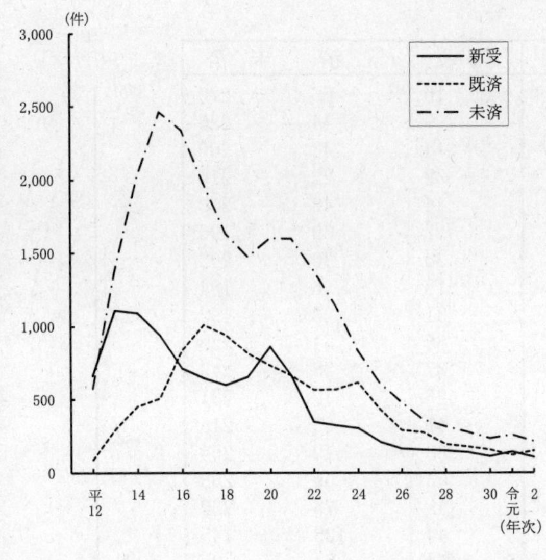

② 個人再生事件

年次	新受	既済	未済
平成13年	6,210	1,939	4,271
14	13,498	10,246	7,523
15	23,612	19,378	11,757
16	26,346	26,644	11,459
17	26,048	26,288	11,219
18	26,113	25,916	11,416
19	27,672	27,428	11,660
20	24,052	25,602	10,110
21	20,731	21,388	9,453
22	19,113	20,365	8,201
23	14,262	16,799	5,664
24	10,021	11,521	4,164
25	8,374	8,800	3,738
26	7,668	7,937	3,469
27	8,477	8,124	3,822
28	9,602	8,981	4,443
29	11,284	10,339	5,388
30	13,211	12,286	6,313
令和元年	13,594	13,479	6,428
2	12,841	12,712	6,557

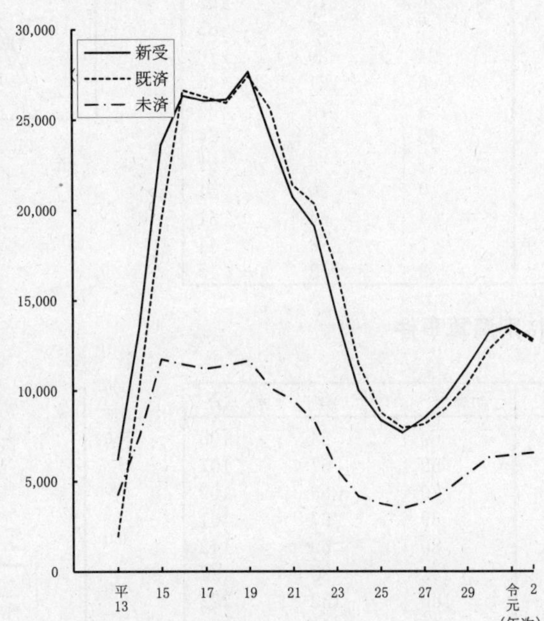

小規模個人再生事件（内数）

年次	新受	既済	未済
平成13年	1,732	520	1,212
14	6,054	3,611	3,655
15	15,001	10,950	7,706
16	19,552	18,567	8,691
17	21,218	20,733	9,176
18	22,379	21,774	9,781
19	24,586	24,059	10,308
20	21,810	22,976	9,142
21	18,961	19,452	8,651
22	17,665	18,801	7,515
23	13,108	15,476	5,147
24	9,096	10,507	3,736
25	7,655	7,980	3,411
26	6,982	7,254	3,139
27	7,798	7,474	3,463
28	8,841	8,242	4,062
29	10,488	9,543	5,007
30	12,355	11,473	5,889
令和元年	12,764	12,628	6,025
2	12,064	11,948	6,141

給与所得者等再生事件（内数）

年次	新受	既済	未済
平成13年	4,478	1,419	3,059
14	7,444	6,635	3,868
15	8,611	8,428	4,051
16	6,794	8,077	2,768
17	4,830	5,555	2,043
18	3,734	4,142	1,635
19	3,086	3,369	1,352
20	2,242	2,626	968
21	1,770	1,936	802
22	1,448	1,564	686
23	1,154	1,323	517
24	925	1,014	428
25	719	820	327
26	686	683	330
27	679	650	359
28	761	739	381
29	796	796	381
30	856	813	424
令和元年	830	851	403
2	777	764	416

(3) 会社更生事件

年 次	新 受	既 済	未 済
平成 元 年	10	66	270
2	9	44	235
3	14	43	206
4	32	22	216
5	44	42	218
6	17	39	196
7	36	30	202
8	18	36	184
9	31	23	192
10	88	51	229
11	37	23	243
12	25	37	231
13	47	63	215
14	88	49	254
15	63	59	258
16	45	73	230
17	44	129	145
18	14	64	95
19	19	30	84
20	34	31	87
21	36	20	103
22	20	18	105
23	7	27	85
24	24	39	70
25	6	31	45
26	4	16	33
27	42	11	64
28	1	4	61
29	10	20	51
30	4	4	51
令和 元 年	1	8	44
2	3	2	45

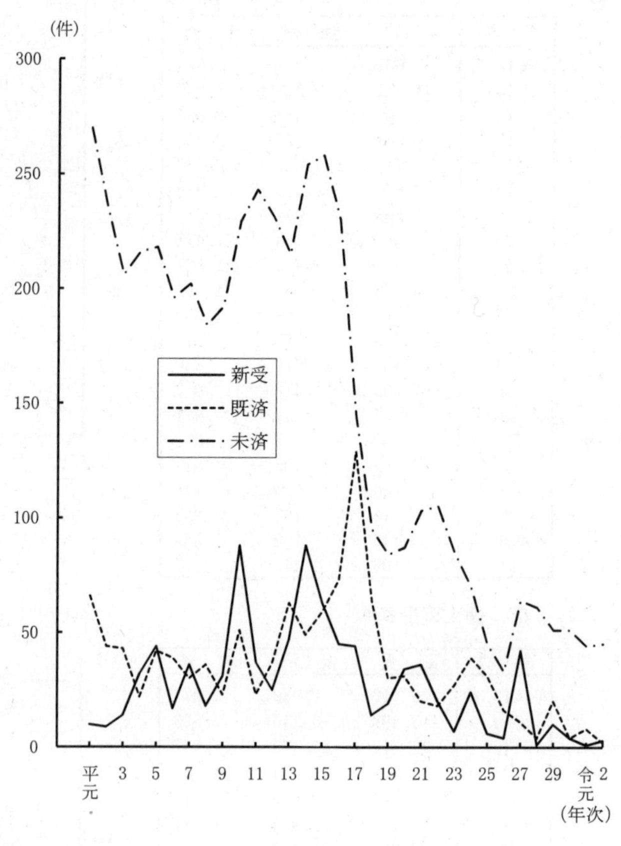

(4) 特別清算事件

年 次	新 受	既 済	未 済
平成 元 年	60	84	106
2	58	57	107
3	70	68	109
4	89	67	131
5	80	69	142
6	132	82	192
7	163	132	223
8	178	142	259
9	172	153	278
10	249	144	383
11	343	226	500
12	352	307	545
13	335	380	500
14	336	334	502
15	290	363	429
16	326	407	348
17	398	391	355
18	400	428	327
19	395	397	325
20	385	404	306
21	365	396	275
22	365	393	247
23	299	343	203
24	259	288	174
25	280	310	144
26	309	306	147
27	286	296	137
28	292	305	124
29	335	298	161
30	312	314	159
令和 元 年	304	315	148
2	338	305	181

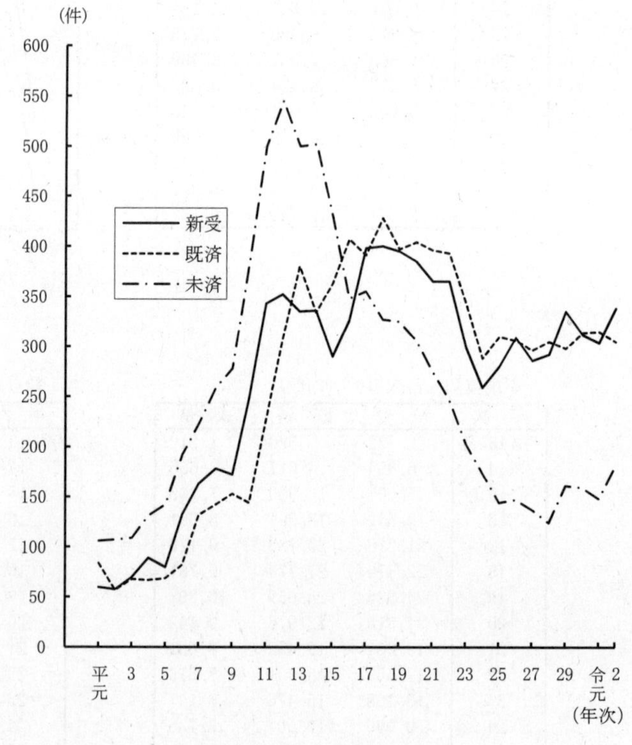

§6 少額訴訟事件（簡易裁判所）

年次	新受	既済	未済
平成10年	8,348	6,819	1,529
11	10,027	9,928	1,628
12	11,128	10,867	1,889
13	13,504	13,205	2,188
14	17,181	16,454	2,915
15	18,117	18,125	2,907
16	21,761	20,609	4,059
17	23,584	24,021	3,622
18	22,679	22,394	3,907
19	22,122	22,269	3,760
20	20,782	20,829	3,713
21	21,233	21,208	3,738
22	19,133	19,680	3,191
23	17,841	17,755	3,277
24	15,897	16,394	2,780
25	13,240	13,570	2,450
26	12,109	12,115	2,444
27	11,542	11,643	2,343
28	11,030	11,116	2,257
29	10,041	10,164	2,134
30	9,310	9,312	2,132
令和元年	8,542	8,668	2,006
2	7,944	7,692	2,258

（注）途中で通常移行したものを含んだ数値である。

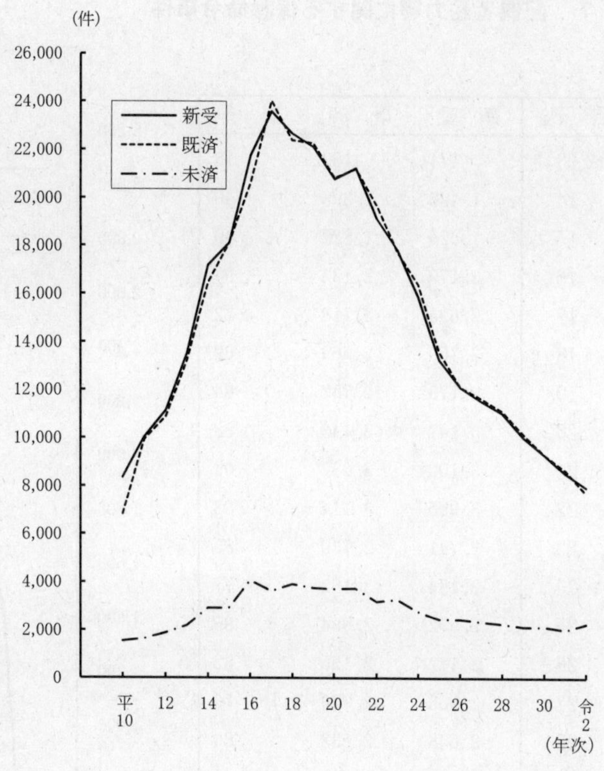

（終局区分別既済事件数）

年次	判決 全体	判決 （内対席）	判決 （内欠席）	和解	その他
平成10年	2,818	917	1,901	2,539	1,462
11	3,952	1,446	2,506	3,763	2,213
12	4,191	1,518	2,671	4,353	2,323
13	4,851	1,910	2,938	5,515	2,839
14	5,917	2,353	3,560	6,994	3,543
15	6,416	2,639	3,774	7,657	4,052
16	7,183	3,037	4,135	8,820	4,606
17	8,587	3,539	5,028	9,971	5,463
18	7,839	3,311	4,516	9,126	5,429
19	7,894	3,277	4,614	8,693	5,682
20	7,539	3,004	4,533	7,671	5,619
21	7,815	3,203	4,606	7,730	5,663
22	7,604	3,194	4,403	6,923	5,153
23	6,870	2,989	3,876	6,204	4,681
24	6,409	2,741	3,661	5,569	4,416
25	5,342	2,291	3,050	4,475	3,753
26	4,934	2,157	2,774	3,833	3,348
27	4,726	2,064	2,662	3,650	3,267
28	4,553	1,960	2,592	3,402	3,161
29	4,149	1,815	2,333	3,105	2,910
30	3,803	1,583	2,218	2,659	2,850
令和元年	3,691	1,618	2,072	2,267	2,710
2	3,276	1,486	1,787	1,839	2,577

（注）1　途中で通常移行したものを含んだ数値である。
2　「判決」欄の「全体」の中には，対席又は欠席のいずれにも分類されないものを含む。

§ 7　配偶者暴力等に関する保護命令事件

年　次	新　受	既　済	未　済
平成 13 年	171	153	18
14	1, 426	1, 398	46
15	1, 825	1, 822	49
16	2, 179	2, 133	95
17	2, 695	2, 718	72
18	2, 759	2, 769	62
19	2, 779	2, 757	84
20	3, 147	3, 143	88
21	3, 100	3, 087	101
22	3, 096	3, 114	83
23	2, 741	2, 739	85
24	3, 144	3, 152	77
25	2, 992	2, 984	85
26	3, 122	3, 125	82
27	2, 958	2, 970	70
28	2, 648	2, 632	86
29	2, 280	2, 293	73
30	2, 164	2, 177	60
令和 元 年	2, 005	1, 998	67
2	1, 844	1, 855	56

(注)　平成１３年は「配偶者からの暴力の防止及び被害者の保護に関する法律」が施行された１０月１３日以降の数値である。

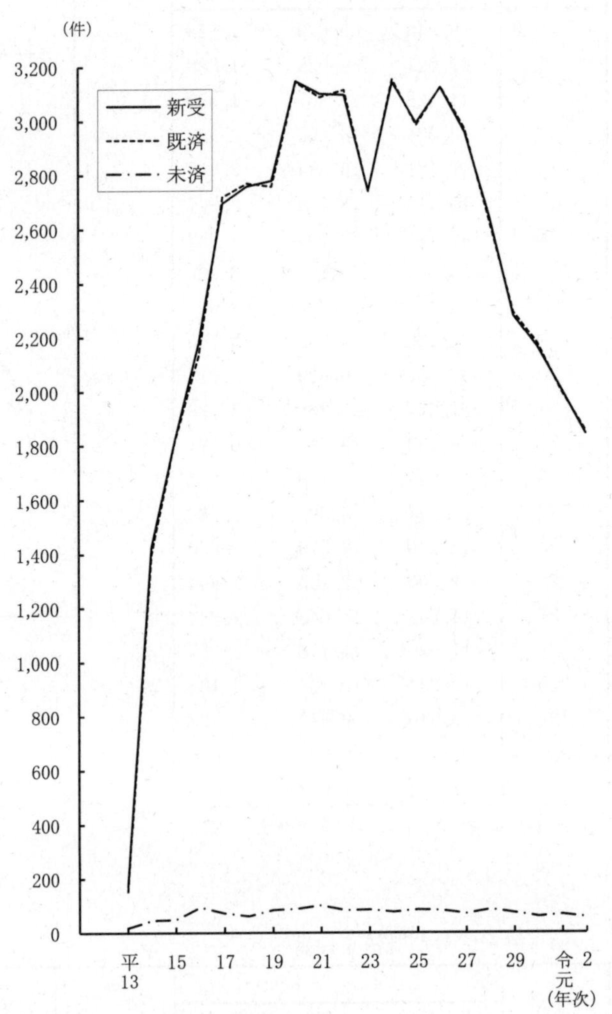

§ 8　労働審判事件－地方裁判所

年　次	新　受	既　済	未　済
平成 18 年	877	606	271
19	1, 494	1, 450	315
20	2, 052	1, 911	456
21	3, 468	3, 226	698
22	3, 375	3, 436	637
23	3, 586	3, 513	710
24	3, 719	3, 697	732
25	3, 678	3, 612	798
26	3, 416	3, 408	806
27	3, 679	3, 674	811
28	3, 414	3, 524	701
29	3, 369	3, 372	698
30	3, 630	3, 429	899
令和 元 年	3, 665	3, 670	894
2	3, 907	3, 755	1, 046

(注)　平成１８年は，労働審判法が施行された４月１日以降の数値である。

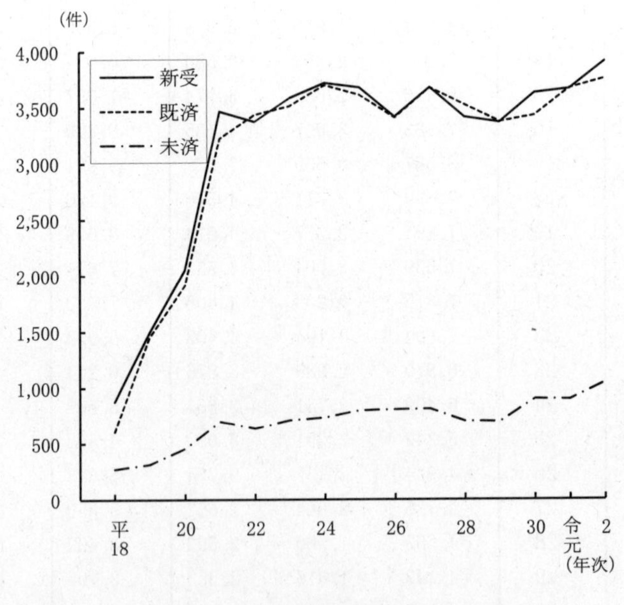

3　刑事事件

§1　刑事訴訟事件

(1)　第一審事件

①　高等裁判所

年次	新受	既済	未済
平成元年	–	–	–
2	–	–	–
3	23	–	23
4	–	–	23
5	4	27	–
6	–	–	–
7	27	–	27
8	–	27	–
9	59	59	–
10	–	–	–
11	33	–	33
12	–	13	20
13	–	–	20
14	–	–	20
15	9	1	28
16	–	28	–
17	47	–	47
18	–	38	9
19	–	8	1
20	–	1	–
21	–	–	–
22	–	–	–
23	–	–	–
24	–	–	–
25	–	–	–
26	–	–	–
27	–	–	–
28	–	–	–
29	–	–	–
30	–	–	–
令和元年	–	–	–
2	–	–	–

(注) 再審を含まない。

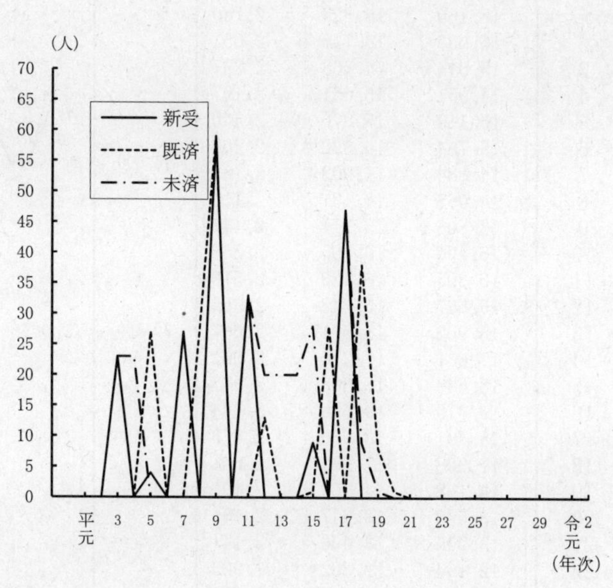

②　地方裁判所

年次	新受	既済	未済
平成元年	69,738	70,870	19,276
2	63,763	65,862	17,177
3	62,709	62,577	17,309
4	62,369	62,145	17,533
5	64,428	64,138	17,823
6	65,245	64,932	18,136
7	69,144	68,151	19,129
8	73,145	72,884	19,390
9	75,834	75,086	20,138
10	77,496	76,795	20,839
11	85,016	81,295	24,560
12	94,141	91,531	27,170
13	99,993	97,714	29,449
14	107,029	104,274	32,204
15	111,822	111,767	32,259
16	113,464	113,649	32,074
17	111,730	113,146	30,658
18	106,020	108,136	28,542
19	97,828	100,364	26,006
20	93,568	95,196	24,378
21	92,777	92,324	24,831
22	86,387	88,399	22,819
23	80,608	80,888	22,539
24	76,588	78,395	20,732
25	71,771	71,904	20,599
26	72,776	72,115	21,260
27	75,566	74,112	22,714
28	71,900	73,359	21,255
29	68,830	69,296	20,789
30	69,028	68,163	21,654
令和元年	67,554	67,221	21,987
2	66,939	65,561	23,365

(注) 再審を含む。

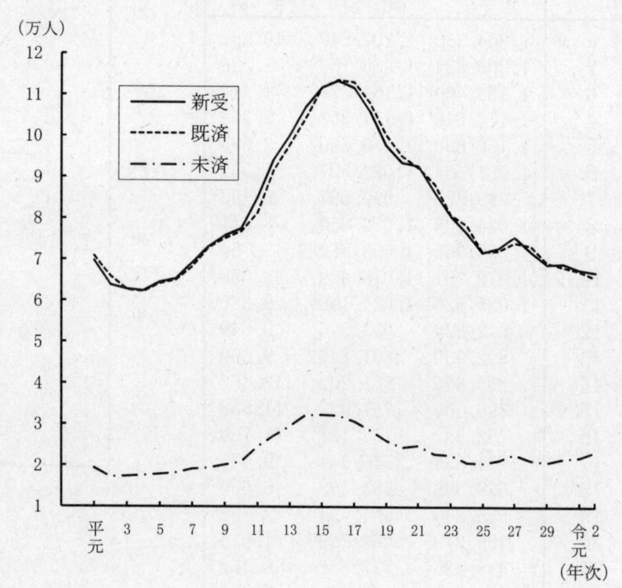

③ 簡易裁判所

(ア) 通常事件

年次	新受	既済	未済
平成元年	18,160	18,329	2,740
2	16,087	16,776	2,051
3	15,014	14,768	2,297
4	14,951	15,051	2,197
5	16,119	15,876	2,440
6	15,784	16,022	2,202
7	14,884	14,903	2,183
8	14,058	14,131	2,110
9	13,808	13,771	2,147
10	15,496	15,105	2,538
11	16,395	16,423	2,510
12	15,587	15,742	2,355
13	15,963	15,651	2,667
14	17,631	17,236	3,062
15	18,683	18,668	3,077
16	19,375	19,118	3,334
17	18,491	18,950	2,875
18	17,308	17,552	2,631
19	14,178	14,709	2,100
20	13,678	13,647	2,131
21	13,506	13,496	2,141
22	12,164	12,382	1,923
23	11,113	11,284	1,752
24	10,105	10,202	1,655
25	9,842	9,912	1,585
26	8,694	8,758	1,521
27	7,821	7,957	1,385
28	6,991	7,117	1,259
29	6,681	6,724	1,216
30	6,197	6,167	1,246
令和元年	5,384	5,519	1,111
2	4,472	4,675	908

(注) 再審を含む。

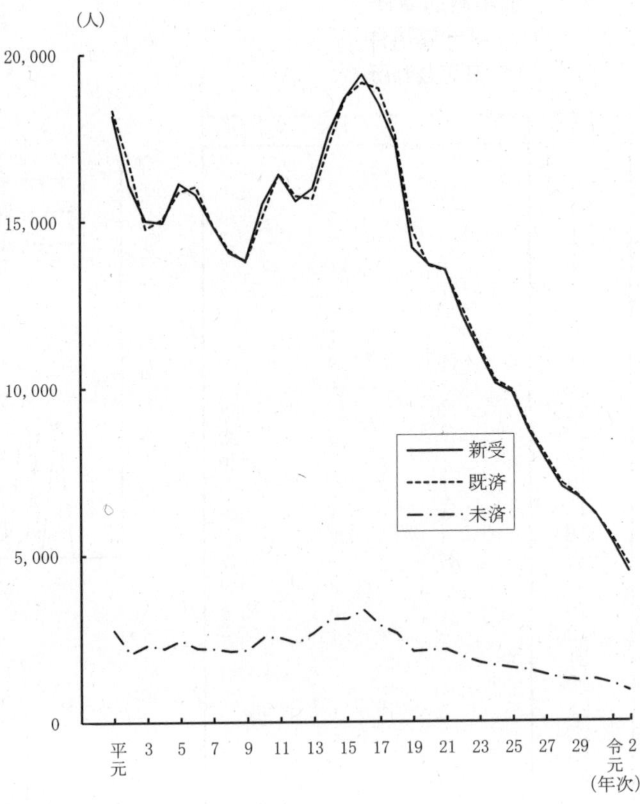

(イ) 略式事件

年次	新受	既済	未済
平成元年	1,204,352	1,207,240	10,957
2	1,205,534	1,208,163	8,328
3	1,153,469	1,153,378	8,419
4	1,177,546	1,177,367	8,598
5	1,150,693	1,150,696	8,595
6	1,081,564	1,082,597	7,562
7	989,328	990,097	6,793
8	1,024,498	1,022,650	8,641
9	1,052,965	1,053,852	7,754
10	1,019,291	1,018,489	8,556
11	1,025,520	1,024,196	9,880
12	913,324	913,555	9,649
13	892,050	891,840	9,859
14	853,805	851,202	12,462
15	786,109	787,033	11,538
16	752,382	752,131	11,789
17	714,534	716,848	9,475
18	658,398	661,193	6,680
19	555,246	554,794	7,132
20	465,273	464,790	7,615
21	438,435	437,888	8,162
22	406,070	406,502	7,730
23	369,670	370,767	6,633
24	345,150	345,611	6,172
25	312,248	312,621	5,799
26	284,342	284,216	5,925
27	275,994	275,292	6,627
28	262,491	263,670	5,448
29	242,970	244,246	4,172
30	222,478	222,029	4,621
令和元年	199,510	199,789	4,342
2	171,840	171,663	4,519

(注) 再審を含まない。

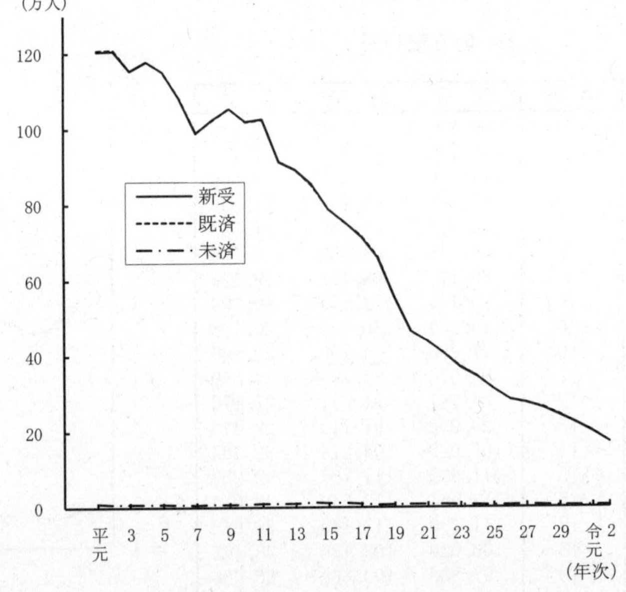

(2)　控訴事件

年　次	新　受	既　済	未　済
平成 元 年	5,178	5,165	1,841
2	4,982	5,078	1,745
3	4,706	4,762	1,689
4	4,668	4,715	1,642
5	4,633	4,643	1,632
6	4,738	4,809	1,561
7	5,135	5,086	1,610
8	5,205	5,282	1,533
9	5,557	5,450	1,640
10	5,670	5,670	1,640
11	6,123	6,052	1,711
12	7,448	7,186	1,973
13	7,824	7,629	2,168
14	8,326	8,347	2,147
15	8,891	8,875	2,163
16	9,162	9,170	2,155
17	9,284	9,264	2,175
18	9,239	9,344	2,070
19	8,186	8,427	1,829
20	7,805	7,962	1,672
21	7,229	7,258	1,643
22	6,803	6,856	1,590
23	6,824	7,006	1,408
24	6,556	6,619	1,345
25	6,091	6,108	1,328
26	5,905	5,890	1,343
27	6,017	6,078	1,282
28	6,124	5,910	1,496
29	5,976	6,098	1,374
30	5,750	5,710	1,414
令和 元 年	5,814	5,828	1,400
2	5,398	5,332	1,466

(注) 再審を含む。

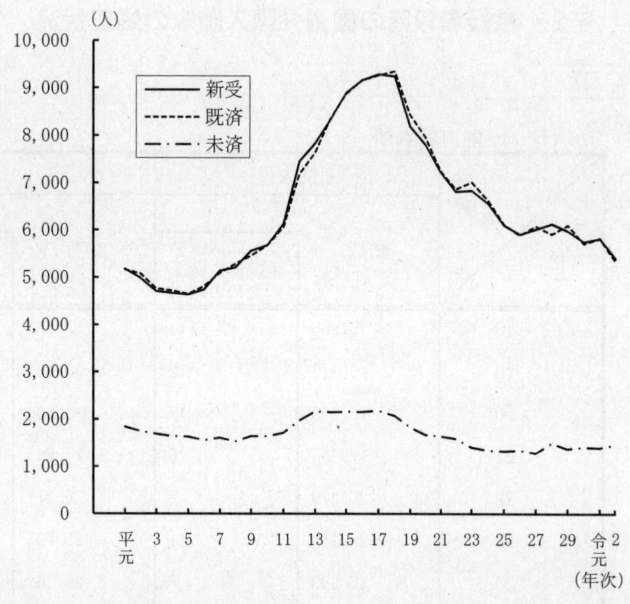

(3)　上告事件（非常上告を含む。）

年　次	新　受	既　済	未　済
平成 元 年	1,507	1,552	685
2	1,401	1,446	640
3	1,318	1,349	609
4	1,320	1,243	686
5	1,220	1,251	655
6	1,339	1,295	699
7	1,331	1,426	604
8	1,429	1,443	590
9	1,390	1,434	546
10	1,643	1,490	699
11	1,720	1,670	749
12	1,929	1,941	737
13	2,190	1,998	929
14	2,440	2,499	870
15	2,764	2,788	846
16	2,873	2,969	750
17	2,748	2,833	665
18	2,742	2,781	626
19	2,554	2,545	635
20	2,497	2,500	632
21	2,227	2,313	546
22	2,445	2,403	588
23	2,301	2,210	679
24	2,251	2,375	555
25	1,968	2,020	503
26	1,906	1,990	419
27	1,912	1,895	436
28	1,984	1,958	462
29	2,169	2,107	524
30	1,955	1,993	486
令和 元 年	2,061	2,092	455
2	1,849	1,882	422

(注) 再審を含まない。

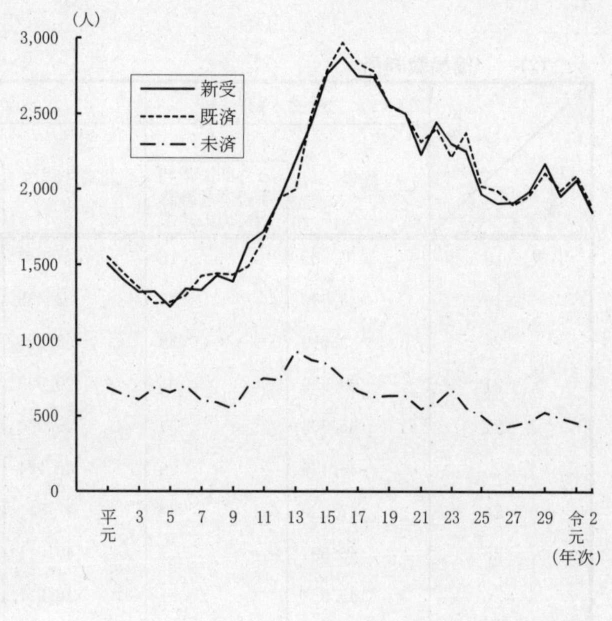

§２　被疑者段階の国選弁護人請求の処理状況

(1)　地方裁判所

年次＼区分	新受人員		既済人員			
	総数	うち即決裁判手続同意確認のための請求	総数	うち即決裁判手続同意確認のための請求	国選弁護人が選任された被疑者数	うち即決裁判手続同意確認のための請求
平成 18 年	866	11	861	11	838	8
19	3, 413	12	3, 402	12	3, 259	12
20	3, 508	8	3, 508	7	3, 409	7
21	17, 734	6	17, 665	6	17, 230	5
22	26, 279	5	26, 271	5	25, 815	4
23	25, 718	11	25, 737	11	25, 223	11
24	26, 290	-	26, 268	-	25, 736	-
25	25, 130	6	25, 352	6	24, 813	6
26	25, 077	2	25, 073	2	24, 242	2
27	25, 518	-	25, 529	-	24, 859	-
28	24, 837	-	24, 769	-	24, 036	-
29	23, 964	-	23, 958	-	23, 251	-
30	29, 566	1	29, 553	1	28, 565	1
令和 元 年	31, 037	-	31, 025	-	29, 977	-
2	30, 642	-	30, 705	-	29, 764	-

(注)　1　延べ人員である。
　　　2　平成18年は，被疑者に対する国選弁護制度が施行された10月2日以降の数値である。

(2)　簡易裁判所

年次＼区分	新受人員		既済人員			
	総数	うち即決裁判手続同意確認のための請求	総数	うち即決裁判手続同意確認のための請求	国選弁護人が選任された被疑者数	うち即決裁判手続同意確認のための請求
平成 18 年	955	16	947	16	922	14
19	3, 440	43	3, 435	43	3, 366	42
20	3, 619	38	3, 623	38	3, 555	36
21	29, 939	93	29, 908	94	29, 535	94
22	45, 303	53	45, 290	53	44, 860	53
23	46, 179	29	46, 194	19	45, 737	19
24	47, 620	54	47, 511	54	47, 135	53
25	46, 594	7	46, 611	7	46, 143	7
26	45, 654	1	45, 817	1	45, 178	1
27	45, 309	1	45, 265	1	44, 496	1
28	42, 933	-	42, 943	-	42, 294	-
29	40, 822	1	40, 845	1	40, 068	1
30	46, 680	-	46, 628	-	45, 643	-
令和 元 年	49, 785	-	49, 699	-	48, 323	-
2	47, 444	-	47, 441	-	46, 248	-

(注)　1　延べ人員である。
　　　2　平成18年は，被疑者に対する国選弁護制度が施行された10月2日以降の数値である。

§3　刑事通常第一審における弁護人が選任された人員

(1)　地方裁判所

年次＼区分	終局人員	弁護人が選任された人員	うち強制	私選弁護人が選任された人員	うち強制	国選弁護人が選任された人員	うち強制
平成　元　年	52, 755	51, 250	41, 326	19, 358	15, 263	32, 517	26, 593
2	49, 821	48, 370	37, 996	19, 308	15, 071	29, 673	23, 469
3	47, 539	46, 137	36, 076	18, 438	14, 432	28, 348	22, 223
4	46, 983	45, 552	35, 833	17, 198	14, 087	28, 997	22, 311
5	48, 692	47, 257	36, 274	16, 880	13, 344	31, 028	23, 499
6	49, 856	48, 520	36, 660	16, 207	13, 273	32, 932	23, 921
7	51, 537	50, 000	37, 825	16, 223	13, 140	34, 445	25, 284
8	54, 880	53, 281	40, 148	16, 475	13, 616	37, 523	27, 150
9	57, 301	55, 640	40, 568	16, 779	13, 586	39, 635	27, 652
10	58, 257	56, 474	41, 016	16, 335	13, 154	40, 904	28, 547
11	61, 640	59, 575	43, 302	16, 647	13, 214	43, 611	30, 693
12	68, 190	65, 873	49, 230	17, 579	14, 172	49, 094	35, 760
13	71, 379	69, 416	51, 393	18, 486	15, 017	51, 793	37, 134
14	75, 570	73, 795	54, 666	18, 699	15, 206	56, 061	40, 304
15	80, 223	78, 544	57, 187	19, 437	15, 465	60, 381	42, 833
16	81, 251	79, 514	58, 278	19, 843	16, 057	60, 968	43, 337
17	79, 203	77, 656	59, 011	19, 120	15, 655	59, 837	44, 510
18	75, 370	73, 942	57, 716	18, 849	15, 454	56, 490	43, 488
19	70, 610	69, 515	56, 532	17, 921	14, 572	53, 271	43, 441
20	67, 644	66, 736	54, 270	16, 687	13, 716	52, 301	42, 562
21	65, 875	65, 216	53, 514	14, 996	12, 264	52, 758	43, 409
22	62, 840	62, 401	51, 650	11, 317	8, 803	52, 779	44, 090
23	57, 968	57, 628	47, 600	9, 864	7, 563	49, 329	41, 184
24	56, 734	56, 393	46, 484	10, 109	7, 474	48, 275	40, 299
25	52, 229	51, 944	42, 965	10, 072	7, 326	44, 032	36, 905
26	52, 502	52, 265	42, 744	10, 241	7, 288	44, 302	36, 695
27	54, 297	54, 039	43, 613	10, 910	7, 564	45, 593	37, 357
28	53, 247	53, 010	43, 038	10, 988	7, 876	44, 529	36, 496
29	50, 591	50, 357	41, 038	10, 520	7, 616	42, 384	34, 837
30	49, 811	49, 623	39, 839	9, 509	7, 096	42, 080	33, 932
令和　元　年	48, 751	48, 538	38, 387	8, 264	6, 574	41, 456	32, 841
2	47, 117	46, 901	37, 159	7, 764	6, 324	40, 276	31, 852

（注）　実人員である。

(2)　簡易裁判所

年次＼区分	終局人員	弁護人が選任された人員	うち強制	私選弁護人が選任された人員	うち強制	国選弁護人が選任された人員	うち強制
平成　元　年	11, 428	10, 928	9, 805	1, 941	1, 408	9, 062	8, 465
2	10, 374	9, 966	8, 979	1, 885	1, 434	8, 163	7, 622
3	9, 383	9, 061	8, 190	1, 744	1, 348	7, 403	6, 924
4	9, 621	9, 249	8, 414	1, 610	1, 321	7, 723	7, 173
5	10, 179	9, 866	9, 115	1, 684	1, 460	8, 264	7, 734
6	10, 430	10, 111	9, 364	1, 467	1, 290	8, 716	8, 146
7	9, 938	9, 604	8, 817	1, 445	1, 207	8, 239	7, 685
8	9, 541	9, 192	8, 485	1, 187	1, 065	8, 076	7, 487
9	9, 604	9, 287	8, 496	1, 292	1, 141	8, 066	7, 421
10	10, 696	10, 371	9, 400	1, 277	1, 135	9, 162	8, 327
11	11, 762	11, 386	10, 341	1, 171	1, 027	10, 286	9, 382
12	11, 520	11, 158	9, 977	1, 248	1, 064	9, 984	8, 982
13	11, 489	11, 157	9, 937	1, 097	954	10, 134	9, 051
14	12, 682	12, 357	11, 008	1, 149	1, 029	11, 287	10, 048
15	13, 732	13, 426	11, 876	1, 209	1, 071	12, 311	10, 890
16	14, 448	14, 121	12, 274	1, 251	1, 098	12, 965	11, 262
17	14, 549	14, 226	12, 352	1, 358	1, 208	12, 985	11, 253
18	13, 646	13, 334	11, 429	1, 226	1, 027	12, 186	10, 471
19	11, 482	11, 266	9, 728	1, 016	863	10, 390	8, 996
20	10, 632	10, 455	9, 076	950	834	9, 703	8, 428
21	10, 715	10, 571	9, 332	845	742	10, 020	8, 859
22	9, 876	9, 759	8, 576	521	407	9, 326	8, 233
23	9, 142	9, 025	7, 909	502	379	8, 599	7, 575
24	8, 340	8, 227	7, 215	523	363	7, 842	6, 917
25	8, 109	8, 015	6, 646	606	421	7, 554	6, 289
26	7, 165	7, 088	6, 224	546	351	6, 696	5, 932
27	6, 590	6, 497	5, 652	596	401	6, 060	5, 311
28	5, 856	5, 777	5, 068	469	310	5, 434	4, 806
29	5, 524	5, 449	4, 785	556	373	5, 066	4, 489
30	5, 051	4, 987	4, 403	435	334	4, 645	4, 125
令和　元　年	4, 511	4, 441	3, 862	378	294	4, 102	3, 603
2	3, 900	3, 839	3, 344	301	236	3, 579	3, 144

（注）　実人員である。

§4　刑事通常第一審における通訳翻訳人の付いた外国人事件の推移（地方裁判所・簡易裁判所総数）

(1)　有罪人員の推移

年　次	有罪人員
平成 元 年	683
2	1,078
3	1,421
4	2,271
5	3,521
6	5,365
7	5,641
8	6,373
9	7,233
10	7,133
11	6,770
12	6,290
13	8,032
14	9,090
15	11,116
16	11,094
17	9,233
18	7,113
19	5,707
20	4,486
21	4,054
22	3,327
23	2,638
24	2,444
25	2,261
26	2,380
27	2,697
28	2,621
29	2,987
30	3,720
令和 元 年	3,891
2	4,433

（注）　被告人又は証人等に通訳翻訳人が付いた実人員である。

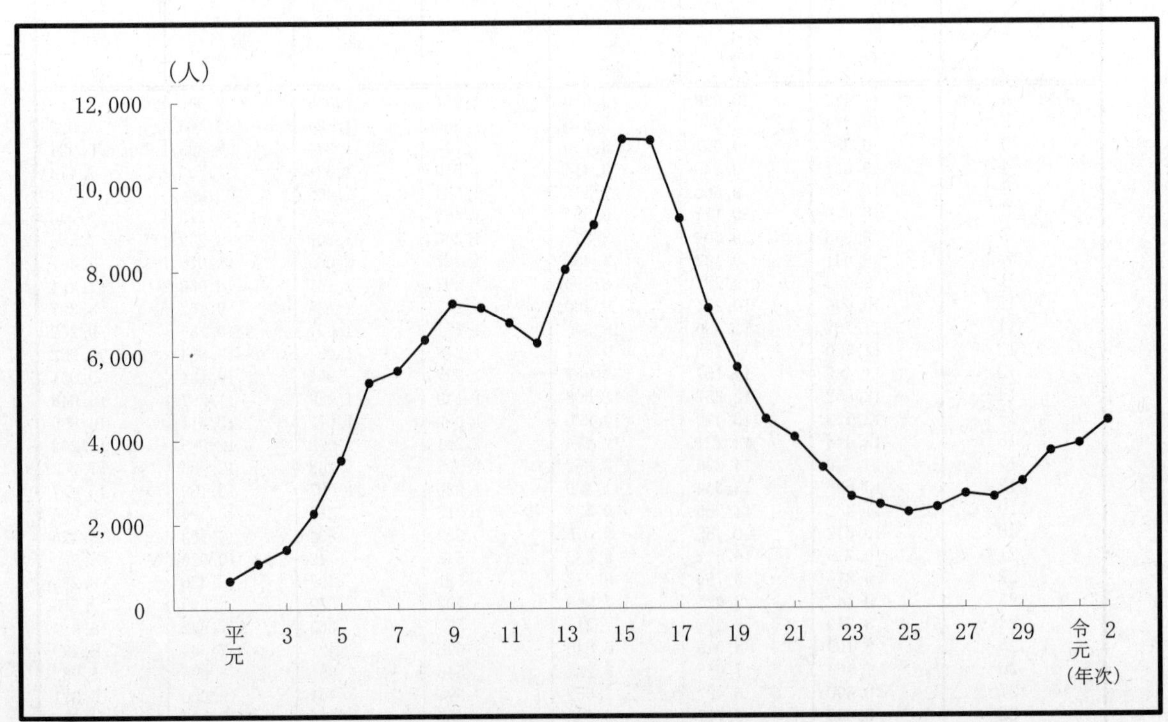

(2) 言語別有罪人員の推移

（地方裁判所・簡易裁判所総数）

言語＼年次		平成22年	23	24	25	26	27	28	29	30	令和元年	2
総数		3,317	2,635	2,437	2,254	2,372	2,688	2,614	2,980	3,712	3,880	4,424
中国語		1,031	881	755	738	824	878	745	907	1,189	1,079	1,032
	北京語	981	837	720	709	796	858	723	869	1,140	1,050	983
	広東語	14	16.	11	15	13	8	15	29	36	25	42
	台湾語	7	5	2	2	4	3	2	3	6	2	1
	福建語	8	5	4	1	1	−	−	1	2	−	−
	上海語	1	1	4	2	2	4	1	3	2	−	1
	その他	20	17	14	9	8	5	4	2	3	2	5
韓国・朝鮮語		377	250	225	170	157	125	137	114	119	74	87
ポルトガル語		332	219	235	218	225	218	239	212	214	219	208
ﾌｨﾘﾋﾟﾉ(ﾀｶﾞﾛｸﾞ)語		394	324	277	221	216	248	235	242	254	263	263
スペイン語		243	199	162	167	152	133	145	128	125	125	134
ベトナム語		229	206	191	222	274	483	538	705	986	1,175	1,655
タイ語		141	85	109	94	102	132	122	140	164	219	290
英語		194	197	169	145	165	196	173	185	203	212	165
ペルシャ語		116	74	69	61	43	37	35	40	30	27	21
シンハラ語		35	25	23	33	25	32	17	28	58	70	89
インドネシア語		28	15	13	16	17	25	47	51	60	95	112
ベンガル語		25	12	25	18	10	22	11	11	15	10	10
ウルドゥー語		21	13	26	18	21	13	17	14	23	17	11
ロシア語		27	23	30	16	24	15	13	25	36	13	22
トルコ語		10	14	18	13	15	16	25	36	36	25	44
モンゴル語		17	16	10	6	7	19	19	23	32	27	25
ミャンマー語		14	5	12	13	3	6	9	18	30	22	15
ネパール語		13	8	6	12	7	13	16	29	37	74	73
タミール語		6	1	2	4	1	3	5	6	8	9	11
フランス語		21	19	16	17	15	15	14	15	15	24	9
パンジャビ語		6	2	12	4	8	5	8	4	7	7	5
ヒンディー語		8	5	7	6	6	10	8	9	8	13	16
ヘブライ語		6	3	5	−	1	1	1	−	−	1	1
その他		23	39	40	42	54	43	35	38	63	80	126

（注） 被告人に通訳翻訳人が付いた実人員である。

§５　刑事通常第一審における裁判員裁判対象事件（地方裁判所）

（注）　⑴及び⑵における平成２１年は，いずれも「裁判員の参加する刑事裁判に関する法律」が施行された５月２１日以降の数値である。

⑴　裁判員裁判対象事件の新受人員

年　次	新　受
平成２１年	1,196
平成２２年	1,797
平成２３年	1,785
平成２４年	1,457
平成２５年	1,465
平成２６年	1,393
平成２７年	1,333
平成２８年	1,077
平成２９年	1,122
平成３０年	1,090
令和 元 年	1,133
令和 ２ 年	1,005

（注）１　裁判員裁判に関する事務を取り扱う支部以外の支部に起訴された人員を除く。
　　　２　延べ人員である。

⑵　裁判員の合議体により裁判がされた終局人員

年　次	終局人員
平成２１年	142
平成２２年	1,506
平成２３年	1,525
平成２４年	1,500
平成２５年	1,387
平成２６年	1,202
平成２７年	1,182
平成２８年	1,104
平成２９年	966
平成３０年	1,027
令和 元 年	1,001
令和 ２ 年	905

（注）実人員である。

§６　刑事損害賠償命令事件（地方裁判所）

年　次	新受	既済	未済
平成２１年	214	162	52
平成２２年	251	239	64
平成２３年	230	237	57
平成２４年	258	246	69
平成２５年	303	312	60
平成２６年	287	264	83
平成２７年	320	307	96
平成２８年	301	306	91
平成２９年	314	295	110
平成３０年	289	309	90
令和 元 年	311	318	83
令和 ２ 年	337	289	131

（注）１　数値は件数である。
　　　２　「犯罪被害者等の権利利益の保護を図るための刑事訴訟法等の一部を改正する法律」（損害賠償命令制度関係）が施行された平成２０年１２月１日から末日までの新受，未済及び既済の各件数は，いずれも０件である。

4　家事事件及び人事訴訟事件

§1　家事審判事件

（注）　§1家事審判事件及び§2家事調停事件における平成25年以降の数値は，高等裁判所が第一審として行う家事審判事件及び高等裁判所における家事調停事件の件数を含まない。

年次	新受	既済	未済
平成元年	252,587	253,164	21,793
2	245,609	244,948	22,454
3	254,809	254,536	22,727
4	267,327	264,863	25,191
5	286,843	286,136	25,898
6	292,573	292,849	25,622
7	301,133	300,425	26,330
8	311,527	310,903	26,954
9	332,009	330,526	28,437
10	363,666	362,094	30,009
11	394,912	393,858	31,063
12	429,115	425,409	34,769
13	456,611	455,400	35,980
14	490,519	487,577	38,922
15	527,522	524,632	41,812
16	533,654	533,925	41,541
17	548,834	546,579	43,796
18	572,781	573,418	43,159
19	583,426	582,746	43,839
20	596,945	594,936	45,848
21	621,316	621,800	45,364
22	633,337	636,024	42,677
23	636,758	637,817	41,618
24	672,682	670,574	43,726
25	734,227	724,593	53,360
26	730,608	730,645	53,323
27	784,088	776,091	61,320
28	835,713	838,564	58,469
29	863,884	867,602	54,751
30	883,000	879,223	58,528
令和元年	907,798	904,762	61,564
2	926,830	921,152	67,242

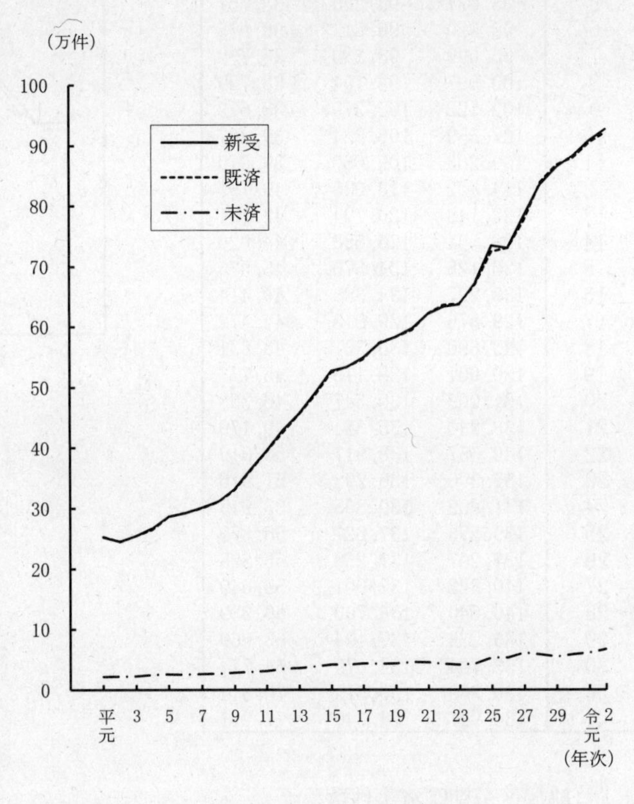

（終局区分別既済事件数）

年次	認容	却下	取下	その他
平成元年	237,875	1,649	11,461	2,179
2	229,358	1,801	11,018	2,771
3	239,567	1,605	10,986	2,378
4	249,726	1,725	10,957	2,455
5	269,796	1,940	11,885	2,515
6	276,365	1,891	11,929	2,664
7	283,560	1,897	12,152	2,816
8	293,503	2,092	12,528	2,780
9	312,142	2,200	12,731	3,453
10	342,326	2,320	13,625	3,823
11	374,098	2,540	14,084	3,136
12	404,770	2,807	14,468	3,364
13	434,684	2,950	14,231	3,535
14	464,679	3,080	15,170	4,648
15	499,917	3,578	16,337	4,800
16	509,331	3,681	15,791	5,122
17	521,364	3,588	15,962	5,665
18	547,828	3,786	15,674	6,130
19	557,329	3,819	15,750	5,848
20	569,390	3,836	15,709	6,001
21	595,978	4,011	16,045	5,766
22	609,379	4,318	16,416	5,911
23	610,319	4,364	16,683	6,451
24	640,700	4,745	18,012	7,117
25	695,012	4,993	16,263	8,325
26	701,134	4,728	15,980	8,803
27	746,734	4,687	15,049	9,621
28	809,316	4,681	15,509	9,058
29	837,898	4,651	16,425	8,628
30	849,723	4,727	15,980	8,793
令和元年	874,734	4,891	16,086	9,051
2	891,594	4,350	16,272	8,936

§2　家事調停事件

年次	新受	既済	未済
平成元年	85, 219	83, 799	31, 865
2	85, 099	83, 011	33, 953
3	85, 112	85, 329	33, 736
4	91, 079	87, 819	36, 996
5	95, 837	94, 266	38, 567
6	96, 920	96, 512	38, 975
7	96, 099	98, 338	36, 736
8	100, 097	98, 104	38, 729
9	102, 322	102, 379	38, 672
10	107, 559	106, 824	39, 407
11	109, 263	109, 660	39, 010
12	114, 822	113, 035	40, 797
13	122, 148	120, 794	42, 151
14	128, 554	126, 685	44, 020
15	136, 125	134, 570	45, 575
16	133, 227	134, 388	44, 414
17	129, 876	129, 818	44, 472
18	129, 690	130, 331	43, 831
19	130, 061	128, 115	45, 777
20	131, 093	130, 547	46, 323
21	138, 240	135, 384	49, 179
22	140, 557	138, 917	50, 819
23	137, 390	136, 293	51, 916
24	141, 802	139, 805	53, 913
25	139, 593	137, 627	55, 879
26	137, 207	137, 258	55, 828
27	140, 822	137, 601	59, 049
28	140, 640	138, 700	60, 989
29	139, 274	137, 194	63, 069
30	135, 784	134, 079	64, 774
令和元年	136, 359	130, 519	70, 614
2	130, 937	124, 340	77, 211

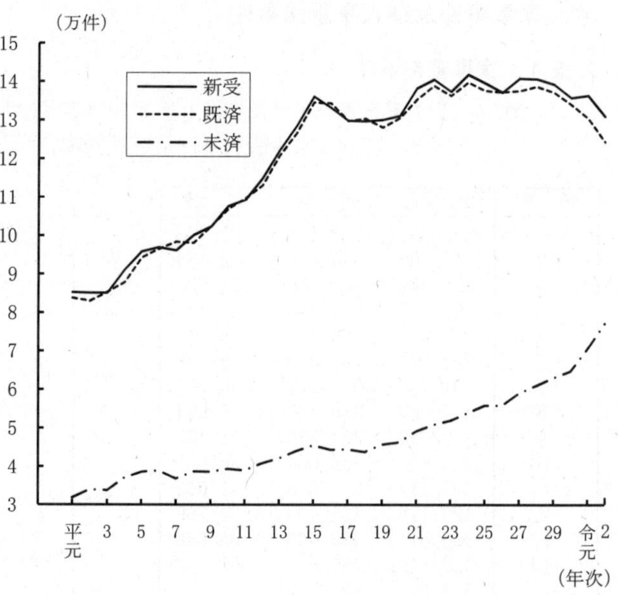

（終局区分別既済事件数）

年次	調停成立	調停不成立	合意に相当する審判	調停に代わる審判	調停をしない	取下	その他
平成元年	37, 162	13, 086	2, 290	81	1, 005	29, 309	866
2	36, 422	12, 747	2, 264	89	1, 093	28, 992	1, 404
3	38, 698	13, 502	2, 354	115	1, 078	28, 567	1, 015
4	39, 728	13, 653	2, 331	118	912	30, 061	1, 016
5	42, 802	14, 900	2, 277	118	1, 008	32, 202	959
6	44, 307	15, 218	2, 272	76	1, 095	32, 381	1, 163
7	45, 625	15, 273	2, 383	95	1, 112	32, 809	1, 041
8	45, 557	15, 008	2, 252	102	1, 229	32, 986	970
9	47, 476	16, 245	2, 451	116	1, 276	33, 715	1, 100
10	49, 238	17, 231	2, 588	68	1, 368	35, 218	1, 113
11	51, 044	17, 551	2, 718	71	1, 437	35, 697	1, 142
12	52, 876	18, 301	2, 655	123	1, 603	36, 323	1, 154
13	57, 160	19, 818	2, 837	118	1, 782	37, 995	1, 084
14	59, 232	21, 866	3, 045	75	1, 850	39, 432	1, 185
15	62, 924	24, 212	2, 985	73	1, 853	41, 111	1, 412
16	63, 290	24, 243	3, 005	109	2, 025	40, 168	1, 548
17	62, 326	23, 333	2, 839	65	1, 706	38, 057	1, 492
18	62, 540	23, 201	2, 807	81	1, 825	38, 107	1, 770
19	63, 260	22, 916	2, 411	81	1, 594	36, 025	1, 828
20	66, 951	22, 769	2, 047	95	1, 570	35, 284	1, 831
21	69, 871	24, 290	2, 140	118	1, 568	35, 412	1, 985
22	72, 706	25, 174	2, 170	88	1, 614	35, 053	2, 112
23	70, 759	25, 702	2, 085	101	1, 568	33, 734	2, 344
24	73, 414	26, 891	2, 053	110	1, 557	33, 242	2, 538
25	72, 894	25, 783	1, 845	812	1, 461	31, 996	2, 836
26	73, 138	25, 564	1, 984	2, 416	1, 508	29, 758	2, 890
27	73, 042	24, 744	1, 899	3, 626	1, 485	29, 476	3, 329
28	73, 230	24, 798	2, 059	4, 751	1, 450	28, 568	3, 844
29	72, 032	23, 875	1, 933	5, 519	1, 549	28, 145	4, 141
30	69, 689	23, 164	1, 830	6, 936	1, 418	26, 743	4, 299
令和元年	66, 385	22, 517	1, 796	8, 046	1, 492	25, 609	4, 674
2	59, 527	22, 551	1, 530	9, 590	1, 317	25, 143	4, 682

（注）　平成２４年までは，「合意に相当する審判」は「２３条審判」と，「調停に代わる審判」は「２４条審判」と称していた。

§ 3　人事訴訟事件

年　次	新　受	既　済	未　済
平成 元 年	6, 501	6, 428	5, 636
2	6, 659	6, 617	5, 678
3	6, 919	6, 851	5, 746
4	6, 767	6, 745	5, 768
5	7, 185	6, 890	6, 063
6	7, 262	7, 247	6, 078
7	7, 373	7, 368	6, 083
8	7, 504	7, 369	6, 218
9	7, 836	7, 767	6, 287
10	7, 869	8, 054	6, 102
11	8, 680	8, 355	6, 427
12	9, 091	8, 844	6, 674
13	9, 426	9, 128	6, 972
14	10, 120	9, 691	7, 401
15	10, 748	10, 367	7, 782
16	11, 307	10, 810	8, 279
17	11, 496	11, 253	8, 522
18	11, 021	11, 051	8, 492
19	11, 343	11, 127	8, 708
20	10, 718	10, 874	8, 552
21	10, 817	10, 552	8, 817
22	11, 373	10, 820	9, 370
23	11, 389	10, 583	10, 176
24	11, 409	11, 840	9, 745
25	10, 594	10, 873	9, 466
26	10, 527	10, 231	9, 762
27	10, 338	10, 362	9, 738
28	10, 004	9, 949	9, 793
29	9, 828	9, 973	9, 648
30	9, 272	9, 475	9, 445
令和 元 年	9, 042	8, 827	9, 660
2	8, 568	8, 156	10, 072

（注）　平成１５年までは地裁人事訴訟事件の数であり，平成１６年以降は地裁人事訴訟事件及び家裁人事訴訟事件の合計である。

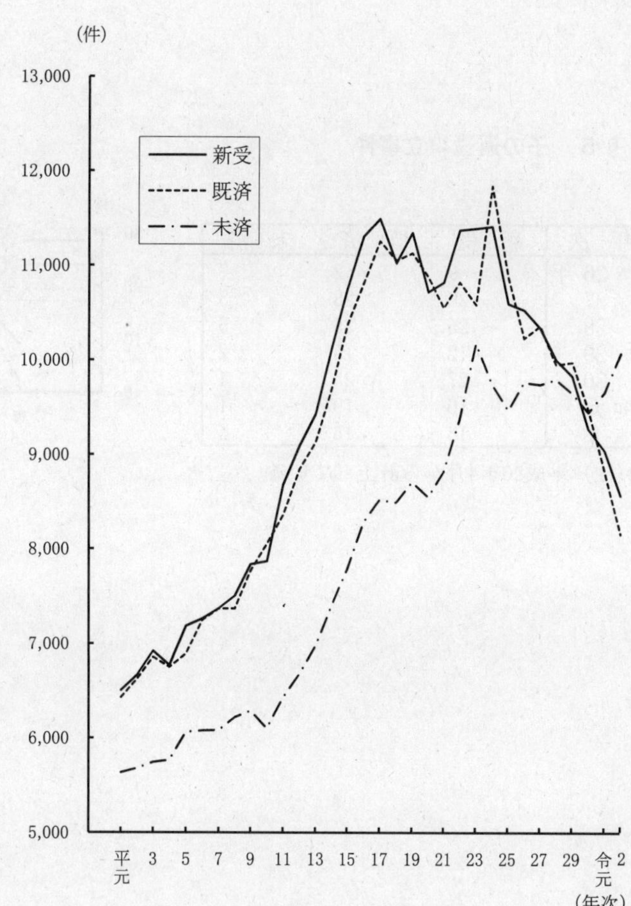

§ 4　成年後見関係事件

年　次	新　受	既　済	未　済
平成 12 年	8, 617	5, 829	4, 517
13	12, 244	11, 806	4, 955
14	16, 484	14, 953	6, 486
15	20, 066	19, 954	6, 598
16	20, 610	21, 198	6, 010
17	24, 448	23, 440	7, 018
18	36, 991	37, 423	6, 586
19	29, 782	31, 055	5, 313
20	32, 004	32, 292	5, 025
21	33, 496	33, 768	4, 753
22	36, 994	37, 112	4, 635
23	38, 783	39, 073	4, 345
24	42, 855	42, 319	4, 881
25	43, 288	42, 816	5, 353
26	43, 741	43, 435	5, 659
27	44, 464	44, 278	5, 845
28	44, 117	44, 444	5, 518
29	46, 213	45, 861	5, 870
30	47, 807	47, 365	6, 312
令和 元 年	48, 514	47, 972	6, 854
2	51, 922	51, 246	7, 530

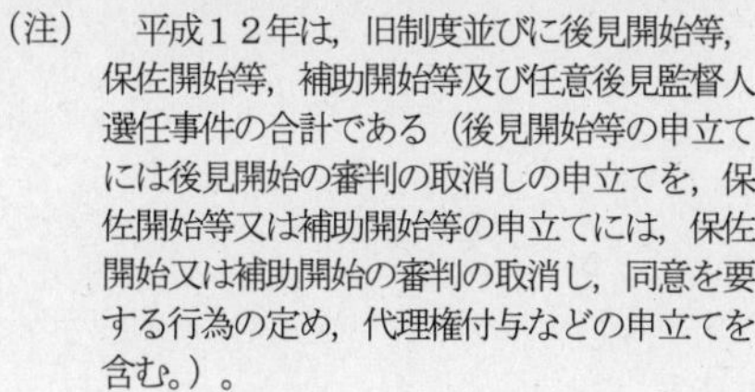
（注）　平成１２年は，旧制度並びに後見開始等，保佐開始等，補助開始等及び任意後見監督人選任事件の合計である（後見開始等の申立てには後見開始の審判の取消しの申立てを，保佐開始等又は補助開始等の申立てには，保佐開始又は補助開始の審判の取消し，同意を要する行為の定め，代理権付与などの申立てを含む。）。

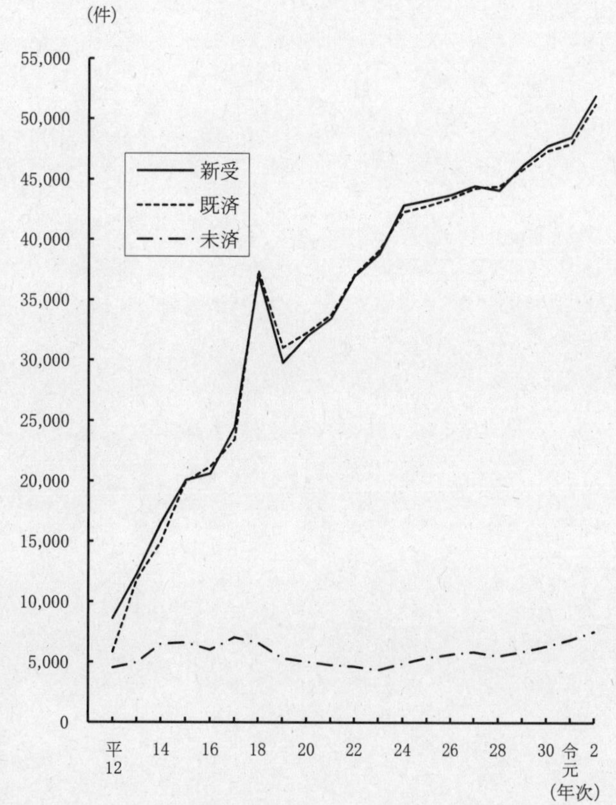

§5　子の返還申立事件

年次	新受	既済	未済
平成26年	9	2	7
27	26	28	5
28	25	25	5
29	12	15	2
30	27	25	4
令和元年	16	19	1
2	18	15	4

（注）平成26年4月から計上している。

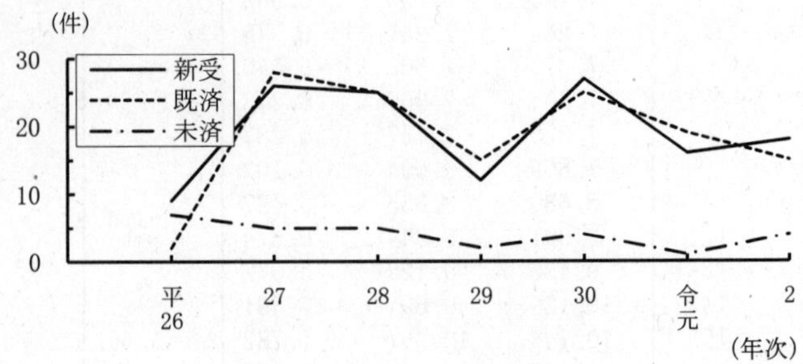

5　少年事件

§1　少年保護事件人員の歴年比較

年　次	新　受	一般事件	交通関係事件	既　済	一般事件	交通関係事件	未　済	一般事件	交通関係事件
平成 元 年	502,757	210,718	292,039	501,008	208,899	292,109	98,254	46,791	51,463
2	480,906	194,611	286,295	491,588	200,059	291,529	87,572	41,343	46,229
3	443,168	184,770	258,398	448,673	184,941	263,732	82,067	41,172	40,895
4	399,738	163,561	236,177	414,859	172,449	242,410	66,946	32,284	34,662
5	355,786	153,341	202,445	363,530	154,456	209,074	59,202	31,169	28,033
6	321,473	147,761	173,712	328,083	150,969	177,114	52,592	27,961	24,631
7	293,703	139,961	153,742	297,007	141,374	155,633	49,288	26,548	22,740
8	298,775	147,157	151,618	295,296	144,723	150,573	52,767	28,982	23,785
9	316,703	167,509	149,194	313,093	164,258	148,835	56,377	32,233	24,144
10	318,508	172,744	145,764	319,298	173,698	145,600	55,587	31,279	24,308
11	297,505	156,213	141,292	302,937	160,488	142,449	50,155	27,004	23,151
12	283,389	153,885	129,504	284,998	152,373	132,625	48,546	28,516	20,030
13	284,336	159,369	124,967	285,094	159,354	125,740	47,788	28,531	19,257
14	281,638	164,464	117,174	286,504	166,288	120,216	42,922	26,707	16,215
15	270,954	166,231	104,723	274,299	167,243	107,056	39,577	25,695	13,882
16	258,040	161,951	96,089	264,700	165,697	99,003	32,917	21,950	10,967
17	233,356	145,462	87,894	234,759	146,614	88,145	31,514	20,798	10,716
18	211,799	132,589	79,210	214,737	134,198	80,539	28,576	19,189	9,387
19	194,650	122,269	72,381	197,574	124,217	73,357	25,652	17,241	8,411
20	172,995	111,210	61,785	172,937	110,365	62,572	25,710	18,086	7,624
21	172,050	111,253	60,797	170,251	109,837	60,414	27,509	19,502	8,007
22	163,023	106,525	56,498	165,596	108,269	57,327	24,936	17,758	7,178
23	150,844	98,730	52,114	150,985	98,949	52,036	24,795	17,539	7,256
24	132,142	83,706	48,436	137,301	87,533	49,768	19,636	13,712	5,924
25	121,284	75,150	46,134	121,696	75,531	46,165	19,224	13,331	5,893
26	107,479	65,358	42,121	110,435	67,554	42,881	16,268	11,135	5,133
27	93,395	54,195	39,200	96,329	56,514	39,815	13,334	8,816	4,518
28	81,998	45,557	36,441	83,908	46,781	37,127	11,424	7,592	3,832
29	73,353	40,727	32,626	74,441	41,497	32,944	10,336	6,822	3,514
30	64,869	36,035	28,834	65,636	36,459	29,177	9,569	6,398	3,171
令和 元 年	56,408	31,982	24,426	56,959	32,252	24,707	9,018	6,128	2,890
2	51,485	29,228	22,257	52,619	30,157	22,462	7,884	5,199	2,685

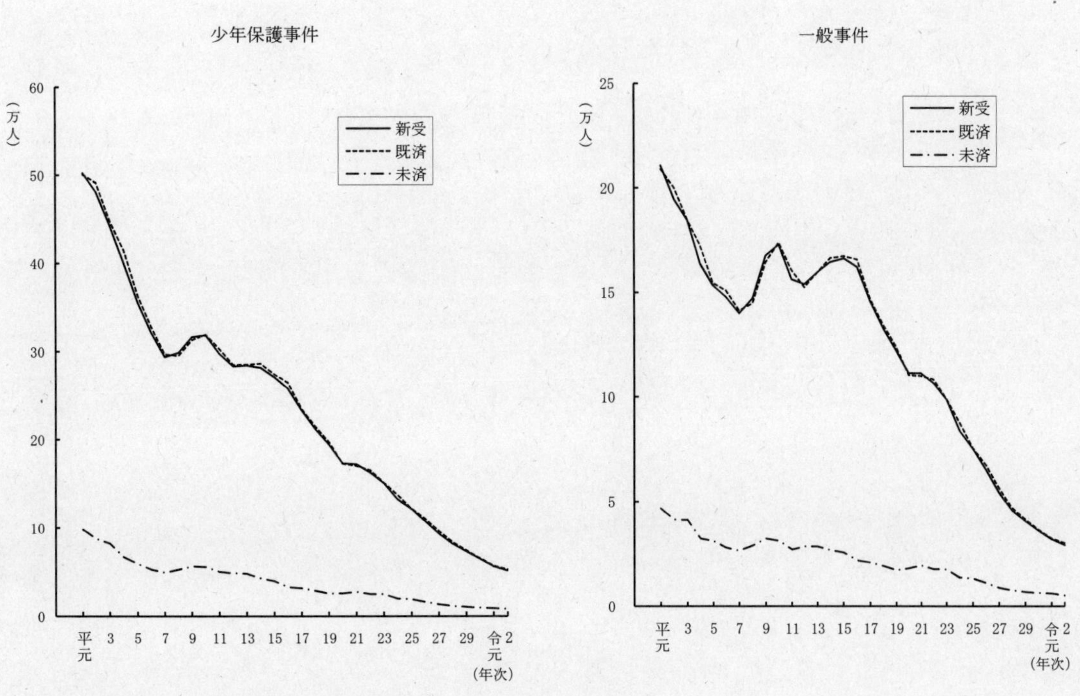

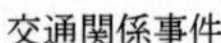
交通関係事件

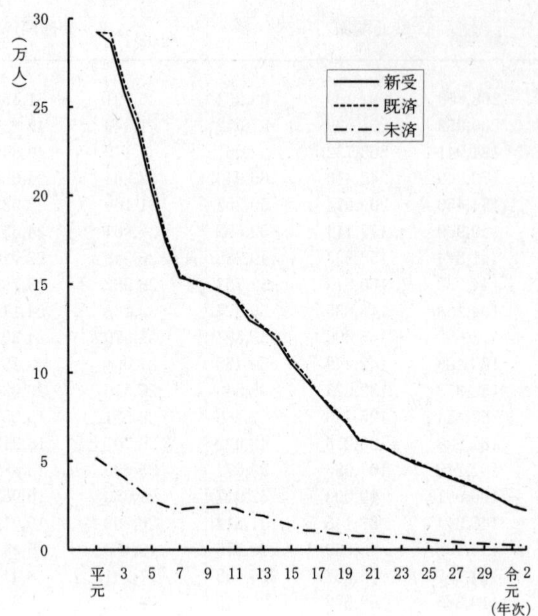
（万人）
30
25
20
15
10
5
0
新受
既済
未済
平元
3
5
7
9
11
13
15
17
19
21
23
25
27
29
令元
2
（年次）

§２　少年保護事件の終局事由別人員数（令和２年）

終局事由＼事件の種類	少年保護事件	一般事件	交通関係事件
検察官送致	2, 966	468	2, 498
刑事処分	1, 844	102	1, 742
年齢超過	1, 122	366	756
保護処分	12, 806	7, 470	5, 336
保護観察	10, 959	5, 767	5, 192
児童自立支援施設等送致	87	87	–
少年院送致	1, 760	1, 616	144
第１種	1, 661	1, 522	139
第２種	57	54	3
第３種	42	40	2
知事又は児童相談所長送致	141	140	1
強制	17	17	–
非強制	124	123	1
不処分	7, 926	3, 866	4, 060
審判不開始	20, 033	12, 055	7, 978
移送・回付	4, 920	3, 130	1, 790
従たる事件	3, 827	3, 028	799
合計	52, 619	30, 157	22, 462

（注）「不処分」，「審判不開始」として処理される場合にも，家庭裁判所における調査,審判の過程で本人に対する訓戒などの保護的措置（教育的措置）がとられることが多い。

§ 3　一般保護事件の既済人員－付添人の種類別－全家庭裁判所

	事件総数	付添人有							付添人無
		総　数	弁護士			保護者	その他		
			弁護士総数	うち私選	うち国選				
平成１１年	78,186	3,443	3,149	3,149	－	61	233		74,743
１２年	76,737	3,903	3,580	3,580	－	51	272		72,834
１３年	79,998	4,408	4,068	4,065	3	51	289		75,590
１４年	83,676	4,746	4,347	4,343	4	99	300		78,930
１５年	81,558	4,961	4,584	4,575	9	105	272		76,597
１６年	78,969	4,468	4,135	4,134	1	62	271		74,501
１７年	70,088	4,623	4,358	4,353	5	56	209		65,465
１８年	63,630	4,489	4,233	4,230	3	60	196		59,141
１９年	59,697	4,423	4,149	4,102	47	67	207		55,274
２０年	54,054	5,004	4,765	4,314	451	52	187		49,050
２１年	54,253	6,349	6,142	5,630	512	45	162		47,904
２２年	53,632	7,485	7,257	6,915	342	62	166		46,147
２３年	48,881	8,258	8,070	7,692	378	35	153		40,623
２４年	46,583	8,745	8,612	8,291	321	31	102		37,838
２５年	40,987	8,477	8,366	8,046	320	31	80		32,510
２６年	37,712	7,916	7,825	6,100	1,725	26	65		29,796
２７年	32,740	7,437	7,350	4,011	3,339	29	58		25,303
２８年	27,763	6,541	6,464	3,206	3,258	17	60		21,222
２９年	24,603	5,944	5,871	2,747	3,124	11	62		18,659
３０年	21,625	5,753	5,694	2,304	3,390	9	50		15,872
令和　元年	19,588	5,098	5,044	1,973	3,071	9	45		14,490
２年	18,871	4,796	4,741	1,778	2,963	7	48		14,075

(注) 1　国選付添人制度は，平成１３年４月１日から施行された。

2　簡易送致事件，（無免許）過失運転致死傷事件，（無免許）過失運転致死傷アルコール等影響発覚免脱事件，車両運転による業務上（重）過失致死傷事件（平成27年以降の数値は過失致死傷事件を含む。），自動車運転過失致死傷事件，（無免許）危険運転致死傷事件，移送・回付で終局した事件及び併合審理され，既済事件として集計しないもの（従たる事件）を除いた数値である。

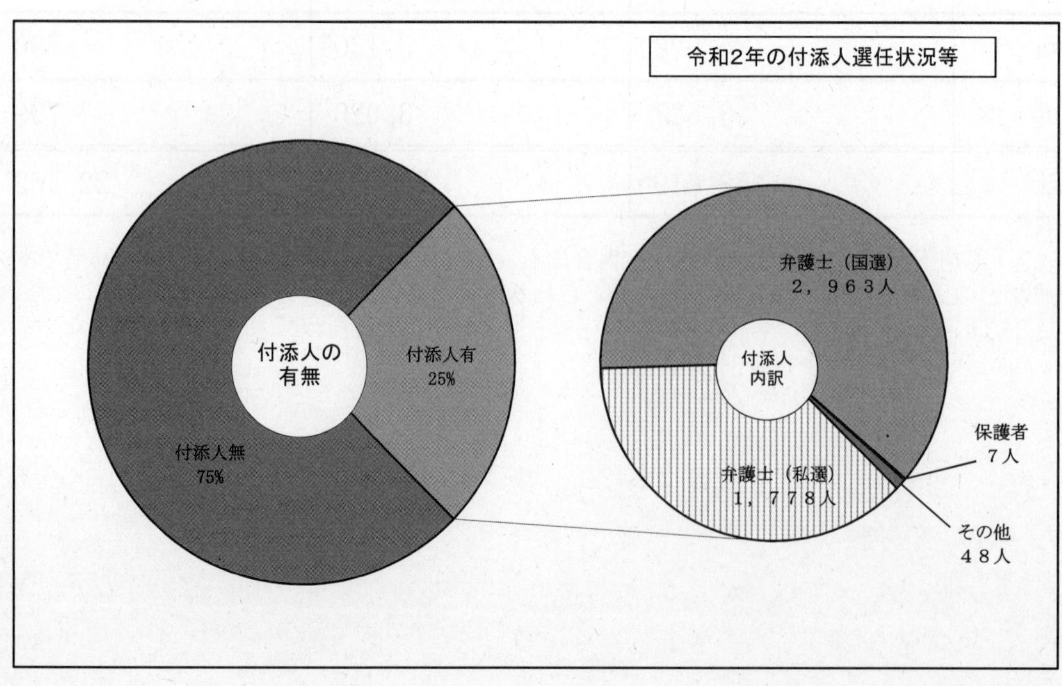

6　医療観察事件

（注）　平成１７年は，「心神喪失等の状態で重大な他害行為を行った者の医療及び観察等に関する法律」が施行された７月１５日以降の数値である。

§１　医療観察処遇事件－地方裁判所

年　次	新受	うち回付による受理	既済	うち終局事由が回付	未済
平成１７年	168	25	106	25	62
平成１８年	692	99	624	99	130
平成１９年	1,120	105	1,055	106	195
平成２０年	1,302	88	1,300	89	197
平成２１年	1,367	55	1,355	58	209
平成２２年	1,482	78	1,470	88	221
平成２３年	1,691	82	1,644	90	268
平成２４年	1,787	76	1,805	82	250
平成２５年	1,895	79	1,872	84	273
平成２６年	1,960	62	1,953	70	280
平成２７年	2,016	76	2,025	77	271
平成２８年	1,886	71	1,872	73	285
平成２９年	2,005	90	1,973	90	317
平成３０年	1,887	67	1,927	72	277
令和　元年	1,861	55	1,820	53	318
令和　２年	1,909	59	1,881	61	346

§２　医療観察処遇事件の受理区分別新受，既済，未済人員数－地方裁判所（令和２年）

受理区分			受理	旧受	新受	うち回付による受理	既済	うち終局事由が回付	未済
総数			2,227	318	1,909	59	1,881	61	346
入院・通院の申立て	33条1項	２条２項１号	404	61	343	54	335	56	69
		２条２項２号	42	8	34	5	32	5	10
退院・入院継続の申立て	49条	１項（退院許可）	250	41	209	－	198	－	52
		２項（入院継続）	1,351	180	1,171	－	1,166	－	185
	50条	退院許可	41	4	37	－	32	－	9
		医療終了	37	6	31	－	29	－	8
処遇終了・通院期間延長の申立て	54条	１項（医療終了）	70	15	55	－	63	－	7
		２項（通院期間延長）	19	2	17	－	16	－	3
	55条	医療終了	4	1	3	－	3	－	1
再入院等の申立て	59条	１項，２項	9	－	9	－	7	－	2

§3　医療観察処遇事件の終局総人員－終局区分別－地方裁判所

年次	終局総人員	終局区分																抗告
		入院・通院（33条1項）					退院・入院継続（49条又は50条）			処遇終了・通院期間延長（54条又は55条）		再入院等（59条）			却下（申立て不適法のみ）	移送・その他	取下げ	
		42条1項			40条1項（却下）		51条1項			56条1項		61条						
		1号 入院	2号 通院	3号 医療を行わない旨の決定	1号 対象行為を行ったとはいえない	2号 心神喪失者等ではない	1号 入院継続確認等	2号 退院許可	3号 医療終了	1号 通院期間延長決定等	2号 医療終了	1項1号 入院	1項2号 棄却（3項の場合も含む）	1項3号 処遇終了				
平成17年	80	49	19	7	2	3	－	－	－	－	－	－	－	－	－	1	－	16
平成18年	520	191	80	68	3	7	110	28	2	－	2	1	－	－	2	23	4	50
平成19年	935	250	75	75	2	14	362	75	24	－	17	1	－	－	3	27	10	69
平成20年	1,198	257	62	68	1	13	583	115	27	1	38	2	1	1	7	16	6	81
平成21年	1,278	204	51	54	1	8	651	168	48	5	51	5	－	－	8	19	5	61
平成22年	1,347	242	61	46	－	17	679	157	34	11	55	5	1	1	12	16	10	77
平成23年	1,534	269	38	72	1	13	856	145	25	10	51	14	－	1	－	27	12	106
平成24年	1,691	257	39	74	－	11	955	189	45	18	49	4	2	1	5	33	9	89
平成25年	1,746	267	39	59	－	14	1,036	166	34	26	51	9	－	－	1	39	6	127
平成26年	1,859	262	31	53	1	8	1,139	203	31	22	66	6	1	－	16	19	1	106
平成27年	1,916	253	33	46	1	6	1,141	257	45	20	65	7	－	－	5	29	9	110
平成28年	1,769	237	36	50	1	13	1,054	210	37	14	75	7	2	－	4	20	9	96
平成29年	1,851	268	32	48	－	5	1,121	208	40	16	84	6	2	－	2	19	－	125
平成30年	1,810	242	25	41	－	11	1,093	243	28	15	71	5	2	－	2	22	11	120
令和元年	1,715	213	23	37	2	7	1,095	183	29	21	71	8	1	1	2	19	3	96
令和２年	1,773	236	33	31	1	7	1,150	172	28	17	64	6	1	－	1	22	4	121

（注）１　実人員である。

２　終局区分別終局人員は，１人の対象者につき複数の終局区分で終局した場合は，それぞれの区分に計上している。

第２　審理期間

１　訴訟事件

§１ 民事事件

(1)　地方裁判所第一審

①-1　通常訴訟（全体，対席判決）

年　次	平均審理期間（月）	うち対席判決で終局した事件
平成 元 年	12.4	20.1
2	12.9	20.9
3	12.2	19.7
4	10.9	18.5
5	10.1	17.0
6	9.8	16.6
7	10.1	16.6
8	10.2	16.4
9	10.0	15.7
10	9.3	14.9
11	9.2	14.4
12	8.8	13.7
13	8.5	13.2
14	8.3	12.9
15	8.2	12.6
16	8.3	12.7
17	8.4	12.9
18	7.8	12.6
19	6.8	11.9
20	6.5	11.5
21	6.5	10.8
22	6.8	9.9
23	7.5	11.5
24	7.8	11.6
25	8.2	12.1
26	8.5	12.4
27	8.7	12.8
28	8.6	12.9
29	8.7	12.9
30	9.0	13.2
令和 元 年	9.5	13.3
2	9.9	13.9

（注）本表の数値には，地方裁判所で受理した人事訴訟事件を含む。

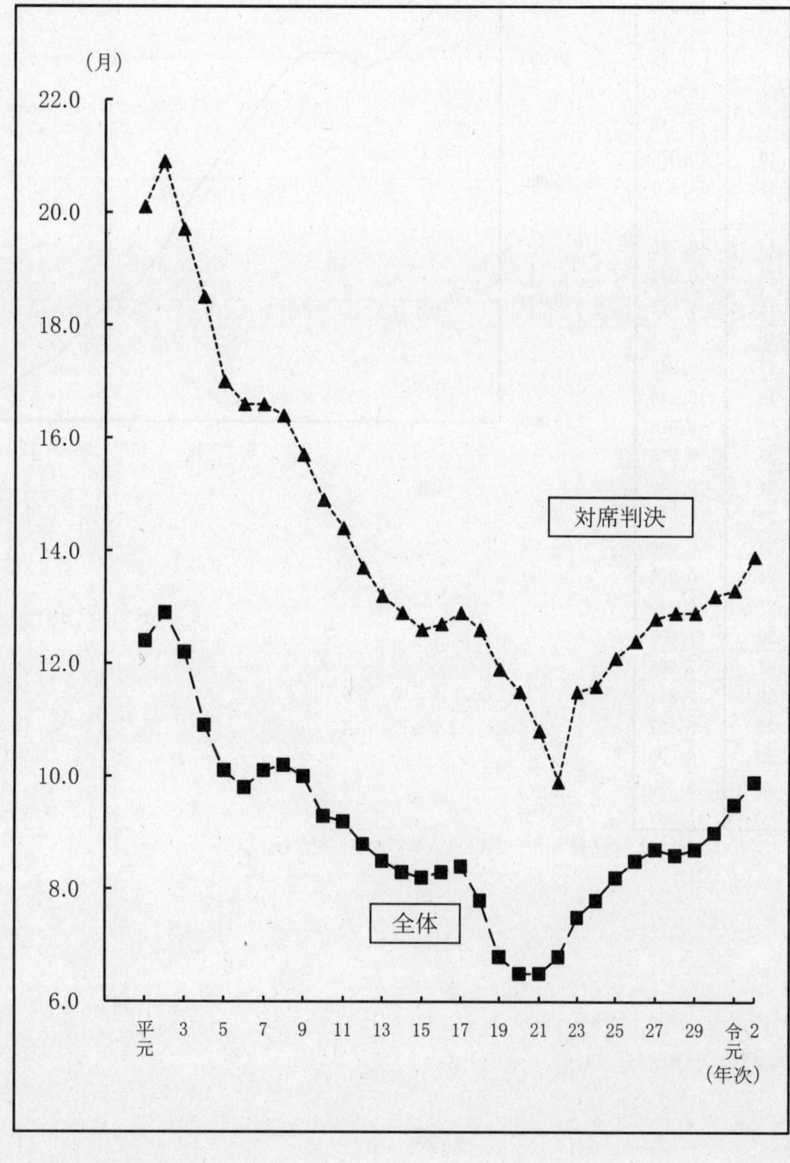

①-2　民事第一審通常訴訟における審理期間が2年を超えて係属する事件数

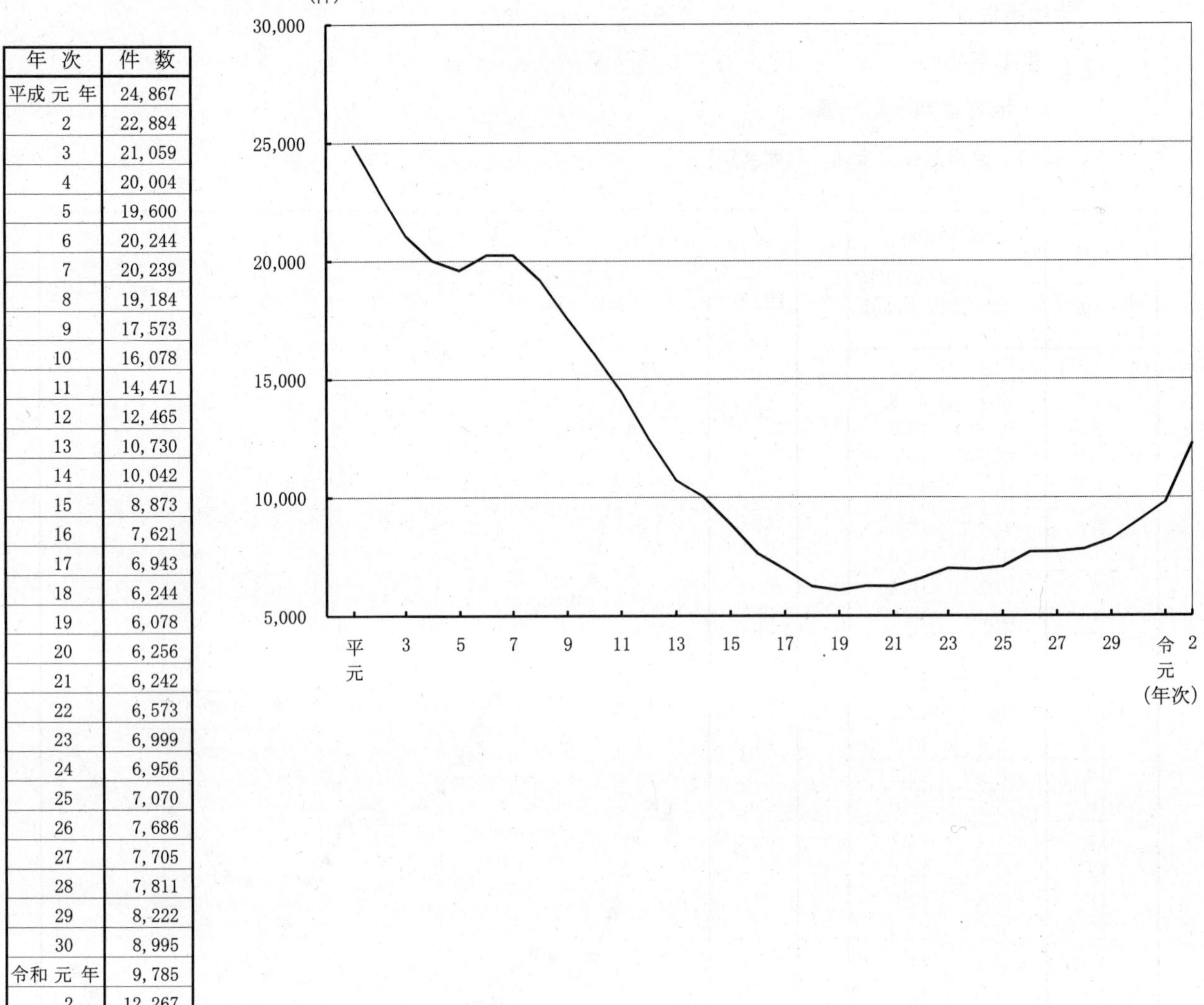

年　次	件　数
平成元年	24,867
2	22,884
3	21,059
4	20,004
5	19,600
6	20,244
7	20,239
8	19,184
9	17,573
10	16,078
11	14,471
12	12,465
13	10,730
14	10,042
15	8,873
16	7,621
17	6,943
18	6,244
19	6,078
20	6,256
21	6,242
22	6,573
23	6,999
24	6,956
25	7,070
26	7,686
27	7,705
28	7,811
29	8,222
30	8,995
令和元年	9,785
2	12,267

(注)　本表の数値には，地方裁判所で受理した人事訴訟事件を含む。

② 医事関係民事第一審通常訴訟

年　次	平均審理期間（月）
平成　2　年	42.5
3	41.4
4	39.8
5	42.3
6	41.7
7	39.3
8	37.5
9	36.8
10	35.6
11	34.8
12	35.6
13	33.0
14	31.1
15	28.0
16	27.7
17	27.4
18	25.5
19	23.9
20	24.7
21	25.9
22	24.9
23	25.9
24	25.1
25	23.9
26	23.3
27	23.7
28	24.3
29	25.3
30	24.4
令和　元　年	26.1
2	26.7

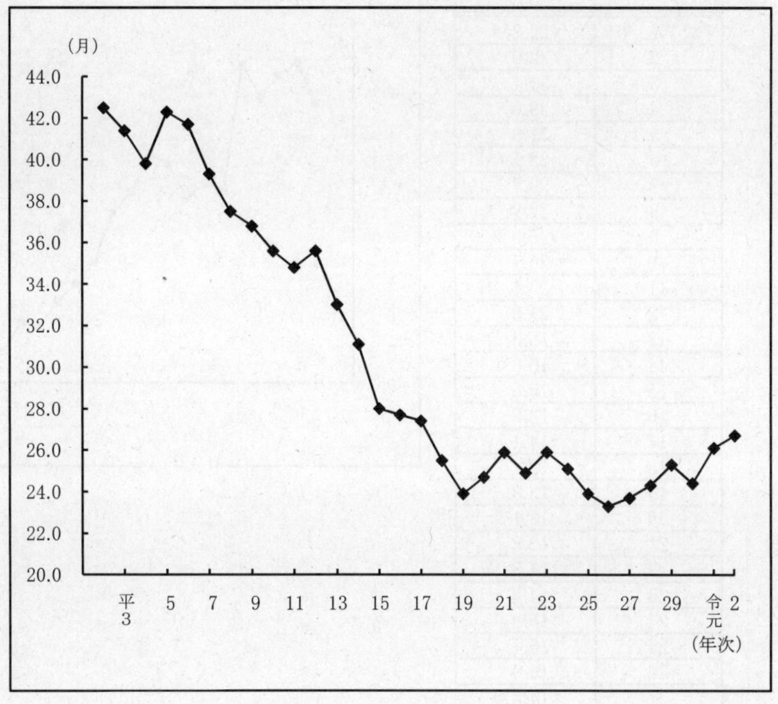

（注）平成16年までの数値は，各庁からの報告に基づくものであり，概数である。

③ 労働関係民事第一審通常訴訟

年　次	平均審理期間（月）
平成　元　年	22.4
2	25.2
3	20.3
4	18.5
5	14.9
6	15.0
7	14.0
8	15.6
9	15.4
10	13.0
11	14.5
12	13.6
13	13.5
14	12.0
15	11.8
16	11.0
17	11.9
18	12.5
19	12.4
20	12.3
21	11.4
22	11.8
23	12.4
24	13.0
25	13.8
26	14.3
27	14.2
28	14.3
29	14.7
30	14.5
令和　元　年	15.5
2	15.9

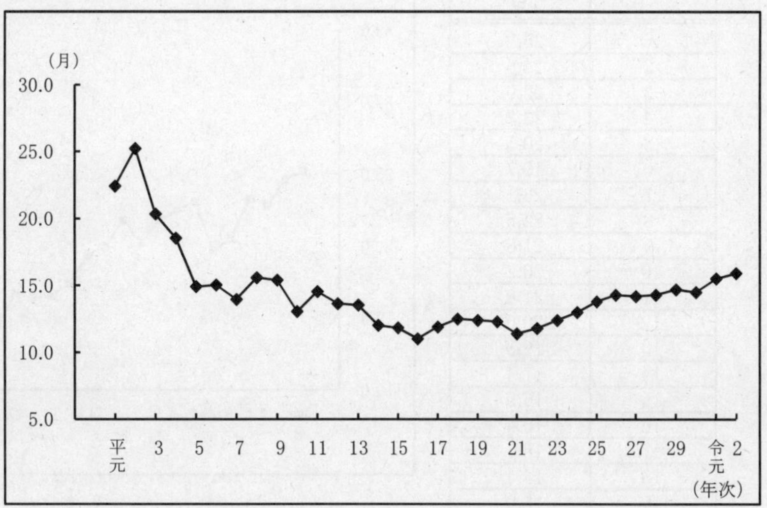

（注）平成16年までの数値は，各庁からの報告に基づくものであり，概数である。

④ 知的財産権関係民事通常訴訟

年　次	平均審理期間（月）
平成 元 年	29.2
2	32.0
3	31.1
4	29.6
5	31.9
6	23.1
7	23.7
8	22.7
9	25.0
10	25.7
11	23.1
12	21.6
13	18.3
14	16.8
15	15.6
16	13.8
17	14.1
18	12.1
19	13.8
20	13.1
21	12.8
22	14.8
23	14.2
24	16.8
25	16.1
26	15.0
27	14.5
28	14.0
29	13.0
30	12.9
令和 元 年	15.2
2	15.4

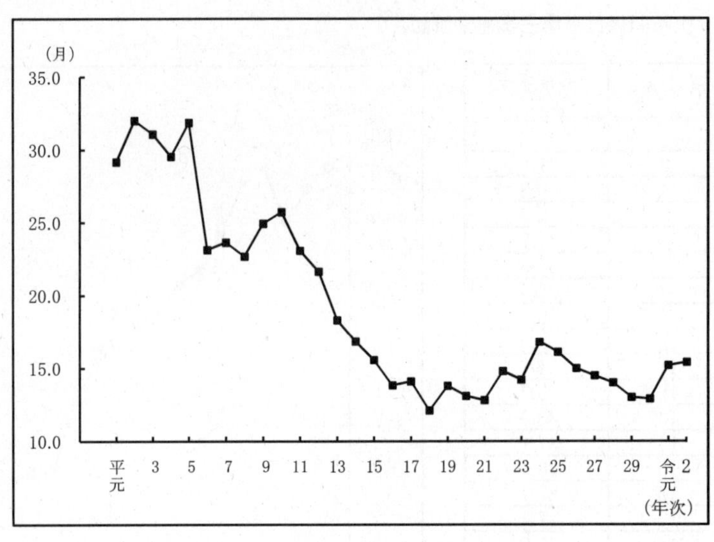

（注）平成16年までの数値は，各庁からの報告に基づくものであり，概数である。

⑤ 行政訴訟

年　次	平均審理期間（月）
平成 元 年	25.2
2	24.6
3	22.9
4	23.3
5	20.5
6	19.7
7	23.1
8	22.5
9	21.8
10	20.2
11	21.8
12	20.0
13	19.3
14	17.4
15	16.5
16	16.4
17	16.7
18	14.4
19	15.0
20	13.8
21	14.7
22	14.6
23	15.0
24	13.9
25	15.0
26	14.7
27	14.6
28	14.4
29	15.2
30	14.5
令和 元 年	16.2
2	15.9

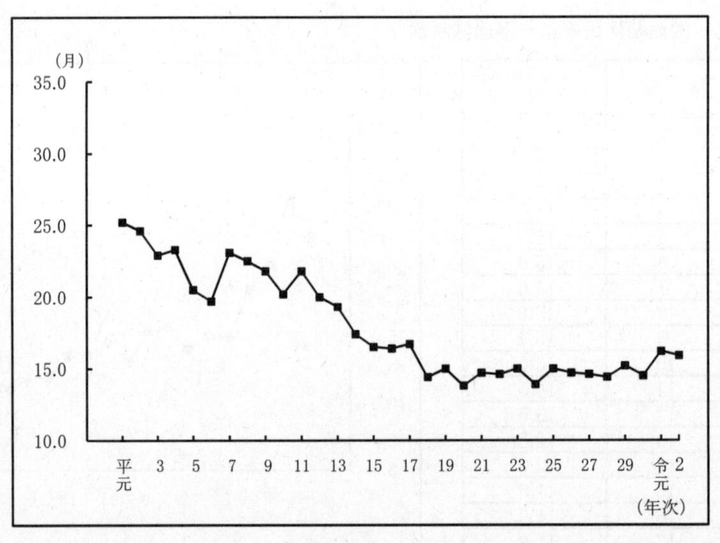

（注）平成10年までの数値には，第一審行政訴訟事件のほか，行政再審事件並びに民事事件として受理され行政事件として審理された第一審民事通常訴訟事件及び再審事件を含み，平成11年以降の数値は，第一審行政訴訟事件のみのものである。

(2)　簡易裁判所

年　次	通常訴訟 平均審理期間 (月)	少額訴訟 平均審理期間 (月)
平成元年	3.1	—
2	3.1	—
3	2.9	—
4	2.5	—
5	2.6	—
6	2.6	—
7	2.5	—
8	2.4	—
9	2.4	—
10	2.3	1.5
11	2.2	1.6
12	2.1	1.6
13	2.0	1.6
14	2.0	1.6
15	2.0	1.6
16	2.0	1.6
17	2.1	1.6
18	2.1	1.6
19	2.2	1.6
20	2.3	1.6
21	2.6	1.6
22	2.9	1.6
23	2.9	1.7
24	2.6	1.6
25	2.6	1.7
26	2.7	2.2
27	2.8	1.8
28	2.8	1.8
29	2.8	1.9
30	2.7	1.9
令和元年	2.8	2.1
2	3.7	2.8

(注) 少額訴訟から通常移行したものは，いずれにも含まない。

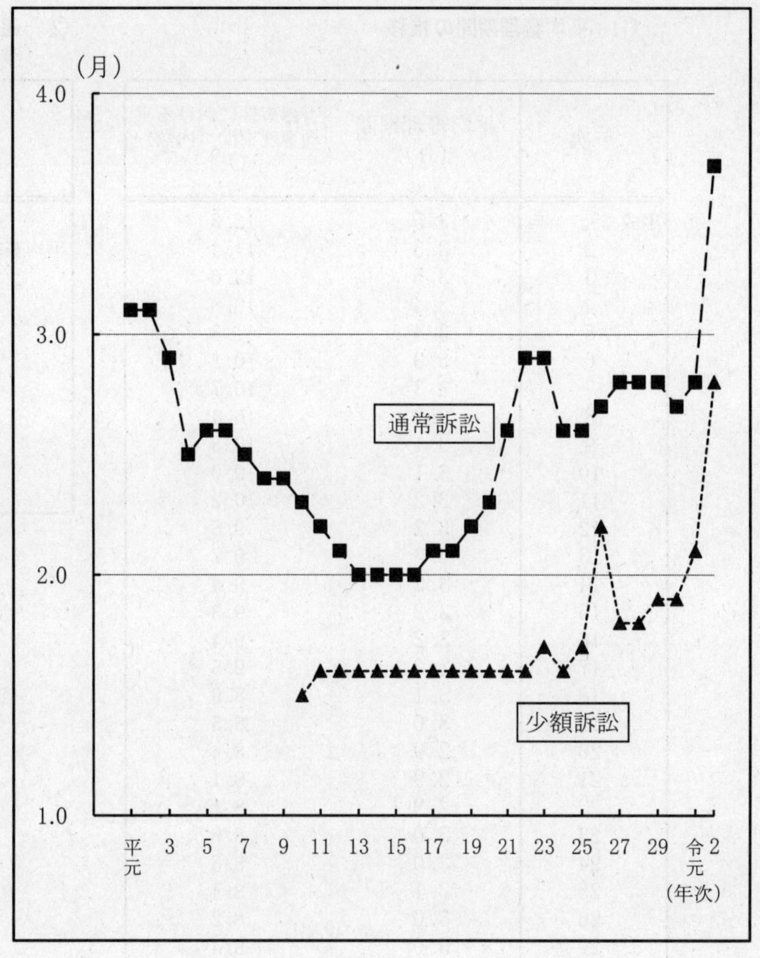

§2　刑事事件

(1)　地方裁判所通常第一審

①　平均審理期間の推移

年次	平均審理期間（月）	否認事件における平均審理期間（内数）（月）
平成　元　年	3.5	12.3
2	3.5	11.4
3	3.5	12.6
4	3.4	10.8
5	3.4	11.3
6	3.3	10.2
7	3.3	10.7
8	3.2	10.4
9	3.1	10.8
10	3.1	10.0
11	3.2	10.2
12	3.2	9.8
13	3.3	9.7
14	3.2	9.4
15	3.2	9.3
16	3.2	9.4
17	3.2	9.5
18	3.1	8.9
19	3.0	8.5
20	2.9	8.4
21	2.9	8.1
22	2.9	8.1
23	3.0	8.6
24	3.0	8.5
25	3.1	8.4
26	3.0	8.2
27	3.0	8.4
28	3.2	8.7
29	3.2	8.9
30	3.3	9.2
令和　元　年	3.4	9.3
2	3.6	10.1

②　通常第一審事件（合議）の平均審理期間（令和２年）

	合議	うち公判前整理手続に付されたもの
平均審理期間（月）	9.2	12.8
自　　白	6.1	9.9
否　　認	14.1	15.0

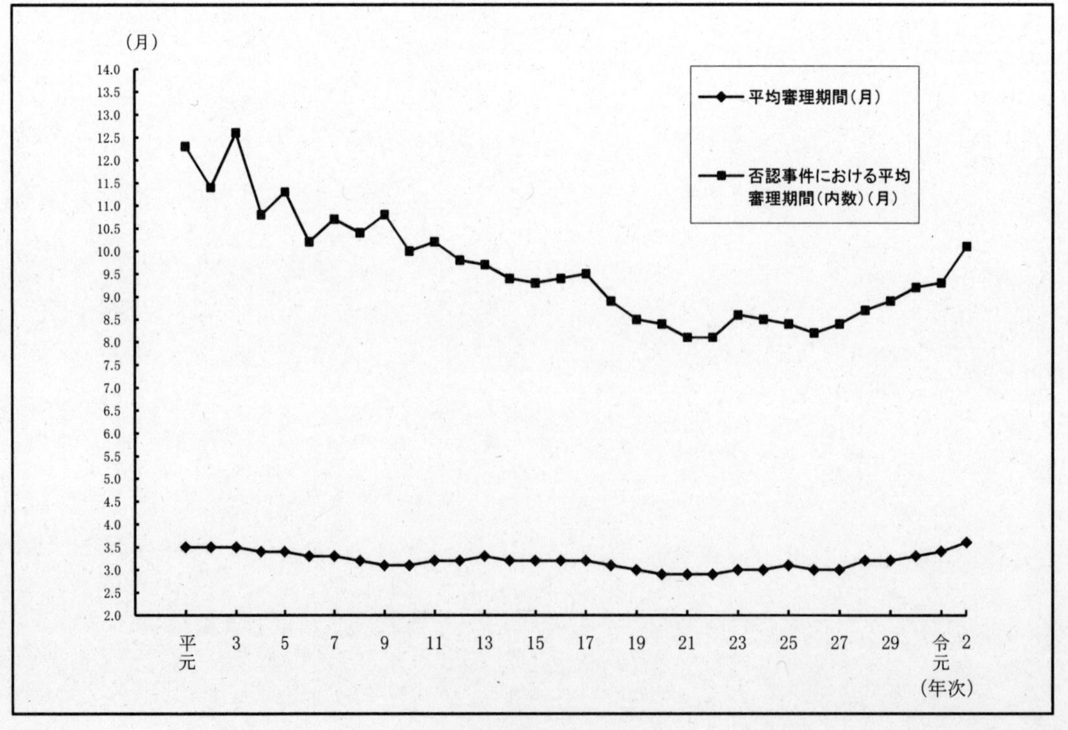

③ 刑事通常第一審における事案複雑等を事由として審理期間が2年を超えて係属する実人員数

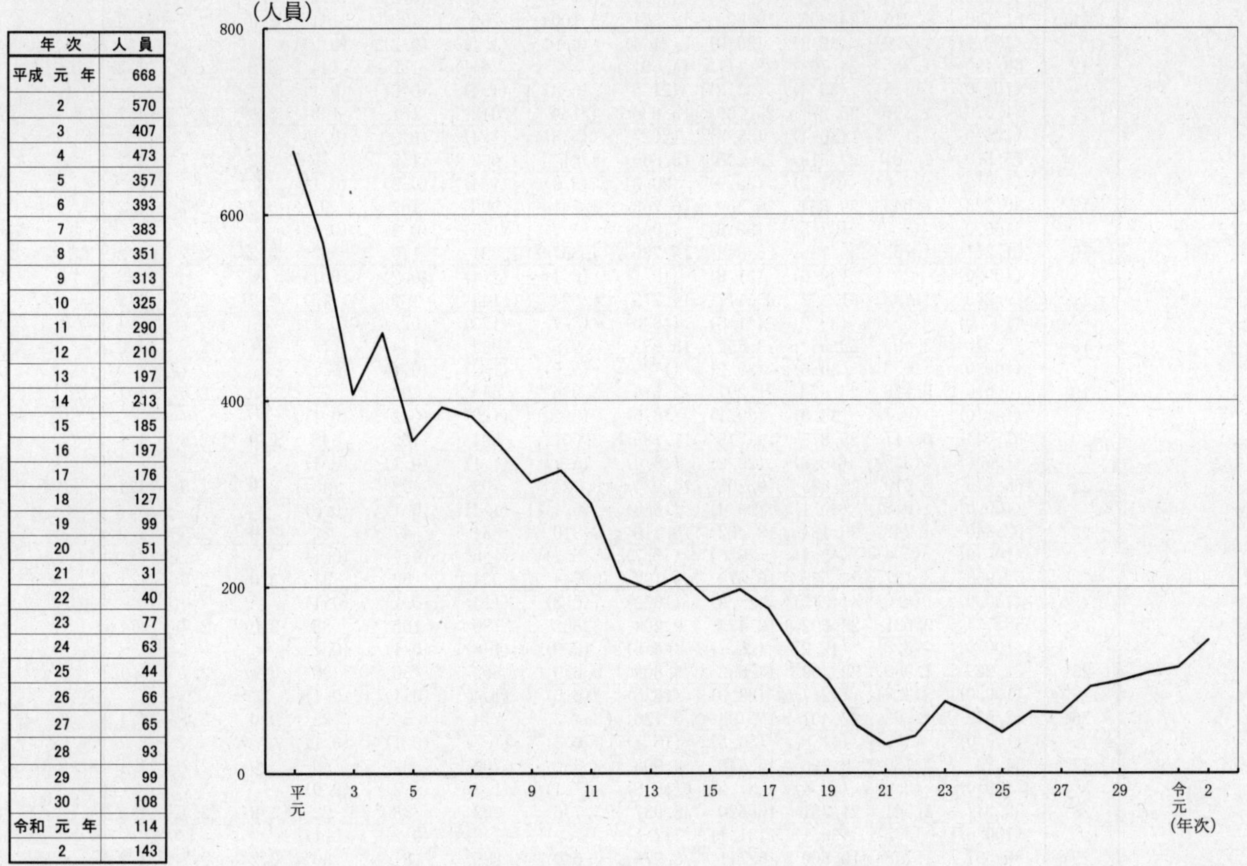

年次	人員
平成元年	668
2	570
3	407
4	473
5	357
6	393
7	383
8	351
9	313
10	325
11	290
12	210
13	197
14	213
15	185
16	197
17	176
18	127
19	99
20	51
21	31
22	40
23	77
24	63
25	44
26	66
27	65
28	93
29	99
30	108
令和元年	114
2	143

④ 審理期間，平均開廷回数及び平均開廷間隔（地方裁判所）

年次	終局人員	受理から終局まで								平均審理期間（月）	平均開廷回数（回）	平均開廷間隔（月）
		1月以内	2月以内	3月以内	6月以内	1年以内	2年以内	3年以内	3年を超える			
平11	(100.0) 61,640	(2.0) 1,215	(39.6) 24,405	(31.7) 19,524	(20.1) 12,371	(5.0) 3,100	(1.2) 759	(0.2) 125	(0.2) 141	3.2	2.7	1.2
12	(100.0) 68,190	(2.0) 1,355	(36.3) 24,763	(33.9) 23,111	(21.4) 14,601	(4.9) 3,323	(1.1) 761	(0.2) 132	(0.2) 144	3.2	2.7	1.2
13	(100.0) 71,379	(1.8) 1,296	(35.4) 25,271	(33.3) 23,765	(21.9) 15,606	(5.8) 4,164	(1.4) 1,013	(0.2) 161	(0.1) 103	3.3	2.7	1.2
14	(100.0) 75,570	(1.8) 1,381	(36.4) 27,515	(33.5) 25,295	(20.7) 15,666	(5.8) 4,417	(1.4) 1,062	(0.2) 155	(0.1) 79	3.2	2.7	1.2
15	(100.0) 80,223	(2.0) 1,643	(37.2) 29,864	(32.9) 26,359	(20.3) 16,253	(5.9) 4,741	(1.4) 1,090	(0.2) 182	(0.1) 91	3.2	2.7	1.2
16	(100.0) 81,251	(2.2) 1,753	(37.8) 30,733	(33.0) 26,848	(19.4) 15,786	(5.7) 4,657	(1.5) 1,221	(0.2) 170	(0.1) 83	3.2	2.7	1.2
17	(100.0) 79,203	(2.1) 1,698	(39.6) 31,327	(31.8) 25,177	(18.7) 14,775	(6.1) 4,834	(1.4) 1,148	(0.2) 169	(0.1) 75	3.2	2.7	1.2
18	(100.0) 75,370	(3.3) 2,493	(39.2) 29,559	(31.6) 23,852	(18.6) 13,982	(5.7) 4,275	(1.3) 992	(0.2) 144	(0.1) 73	3.1	2.7	1.2
19	(100.0) 70,610	(8.3) 5,878	(36.6) 25,876	(30.2) 21,291	(17.9) 12,614	(5.6) 3,936	(1.2) 850	(0.1) 90	(0.1) 75	3.0	2.6	1.1
20	(100.0) 67,644	(9.3) 6,317	(38.3) 25,875	(29.1) 19,718	(16.5) 11,185	(5.3) 3,601	(1.2) 801	(0.2) 102	(0.1) 45	2.9	2.5	1.1
21	(100.0) 65,875	(8.5) 5,619	(38.8) 25,583	(29.2) 19,205	(16.6) 10,934	(5.7) 3,724	(1.1) 703	(0.1) 62	(0.1) 45	2.9	2.5	1.1
22	(100.0) 62,840	(6.8) 4,248	(40.1) 25,184	(29.4) 18,462	(16.3) 10,216	(6.1) 3,810	(1.4) 851	(0.1) 47	(0.0) 22	2.9	2.5	1.2
23	(100.0) 57,968	(5.4) 3,137	(42.4) 24,588	(28.6) 16,579	(15.7) 9,102	(6.1) 3,544	(1.6) 924	(0.1) 63	(0.1) 31	3.0	2.6	1.1
24	(100.0) 56,734	(4.6) 2,631	(42.3) 23,992	(28.9) 16,424	(16.2) 9,204	(6.3) 3,562	(1.4) 780	(0.2) 103	(0.1) 38	3.0	2.7	1.1
25	(100.0) 52,229	(3.8) 1,988	(42.9) 22,409	(28.1) 14,653	(16.5) 8,604	(6.9) 3,629	(1.6) 852	(0.1) 56	(0.1) 38	3.1	2.7	1.1
26	(100.0) 52,502	(3.7) 1,962	(42.7) 22,407	(28.9) 15,194	(16.6) 8,736	(6.5) 3,403	(1.4) 714	(0.1) 54	(0.1) 32	3.0	2.7	1.1
27	(100.0) 54,297	(3.3) 1,780	(41.8) 22,706	(30.5) 16,548	(16.4) 8,905	(6.5) 3,550	(1.3) 706	(0.1) 62	(0.1) 40	3.0	2.7	1.1
28	(100.0) 53,247	(2.9) 1,541	(40.1) 21,361	(31.2) 16,620	(16.8) 8,937	(7.1) 3,776	(1.7) 902	(0.2) 88	(0.0) 22	3.2	2.7	1.2
29	(100.0) 50,591	(3.5) 1,748	(39.1) 19,800	(31.1) 15,711	(17.1) 8,675	(7.2) 3,640	(1.8) 886	(0.2) 81	(0.1) 50	3.2	2.7	1.2
30	(100.0) 49,811	(2.8) 1,386	(39.0) 19,420	(31.6) 15,724	(17.2) 8,582	(7.2) 3,606	(2.0) 984	(0.2) 80	(0.1) 29	3.3	2.7	1.2
令元	(100.0) 48,751	(2.6) 1,247	(35.5) 17,323	(33.1) 16,140	(18.6) 9,059	(8.0) 3,900	(2.0) 966	(0.2) 83	(0.1) 33	3.4	2.7	1.2
2	(100.0) 47,117	(2.6) 1,218	(31.6) 14,868	(32.6) 15,371	(22.1) 10,395	(8.4) 3,981	(2.4) 1,141	(0.2) 112	(0.1) 31	3.6	2.6	1.4

（注）1　実人員である。
2　平均開廷間隔は，平均審理期間を平均開廷回数で除したものである。
3　（　）内は%である。

⑤ 裁判員の合議体により裁判がされた事件の審理期間及び平均開廷回数（地方裁判所）

年次	終局人員	受理から終局まで							平均審理期間（月）	平均開廷回数（回）
		3月以内	4月以内	5月以内	6月以内	9月以内	1年以内	1年を超える		
平21	(100.0) 142	(2.8) 4	(22.5) 32	(38.0) 54	(25.4) 36	(11.3) 16	(0.0) −	(0.0) −	5.0	3.3
22	(100.0) 1,506	(0.3) 5	(4.2) 64	(11.6) 175	(17.8) 268	(39.8) 599	(17.2) 259	(9.0) 136	8.3	3.8
23	(100.0) 1,525	(0.6) 9	(6.4) 98	(13.5) 206	(14.8) 226	(33.2) 506	(15.8) 241	(15.7) 239	8.9	4.1
24	(100.0) 1,500	(0.7) 10	(5.6) 84	(11.1) 166	(16.4) 246	(33.3) 500	(16.1) 242	(16.8) 252	9.3	4.5
25	(100.0) 1,387	(0.6) 8	(8.2) 114	(15.6) 216	(14.0) 194	(29.5) 409	(15.7) 218	(16.4) 228	8.9	4.5
26	(100.0) 1,202	(0.7) 9	(6.7) 80	(13.8) 166	(16.5) 198	(32.4) 389	(16.0) 192	(14.0) 168	8.7	4.5
27	(100.0) 1,182	(0.6) 7	(5.5) 65	(11.8) 140	(15.0) 177	(34.3) 406	(17.0) 201	(15.7) 186	9.2	4.7
28	(100.0) 1,104	(0.6) 7	(5.4) 60	(11.6) 128	(13.5) 149	(28.0) 309	(19.5) 215	(21.4) 236	10.0	4.6
29	(100.0) 966	(0.2) 2	(3.8) 37	(10.0) 97	(13.3) 128	(31.9) 308	(17.5) 169	(23.3) 225	10.1	4.9
30	(100.0) 1,027	(0.4) 4	(3.0) 31	(9.4) 97	(13.1) 135	(32.2) 331	(20.3) 208	(21.5) 221	10.1	4.8
令元	(100.0) 1,001	(0.6) 6	(3.5) 35	(8.3) 83	(13.2) 132	(29.5) 295	(21.9) 219	(23.1) 231	10.3	4.8
2	(100.0) 905	(0.0) −	(0.8) 7	(4.5) 41	(6.4) 58	(24.6) 223	(29.6) 268	(34.0) 308	12.0	4.7

（注）1　実人員である。
2　平成21年は，「裁判員の参加する刑事裁判に関する法律」が施行された5月21日以降の数値である。
3　（　）内は%である。

(2) 簡易裁判所通常第一審

① 平均審理期間の推移

年　次	平均審理期間（月）
平成 元 年	2.6
2	2.6
3	2.4
4	2.4
5	2.3
6	2.3
7	2.3
8	2.3
9	2.2
10	2.2
11	2.2
12	2.2
13	2.3
14	2.2
15	2.3
16	2.3
17	2.2
18	2.1
19	2.1
20	2.0
21	2.0
22	2.1
23	2.1
24	2.1
25	2.0
26	2.1
27	2.2
28	2.2
29	2.2
30	2.2
令和 元 年	2.4
2	2.5

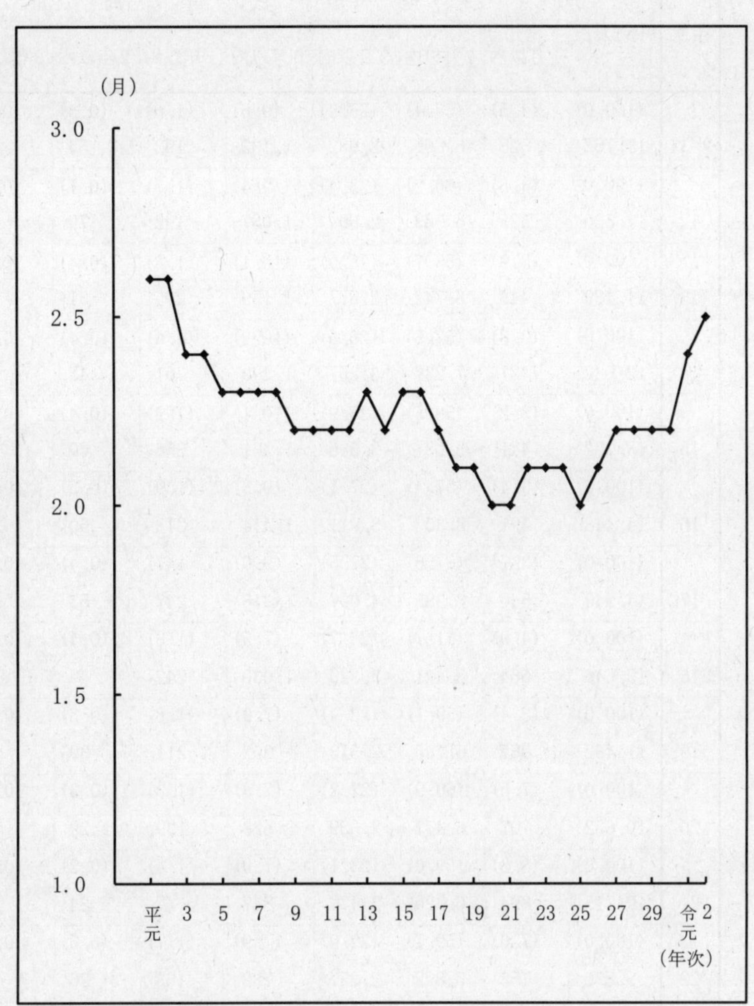

② 審理期間，平均開廷回数及び平均開廷間隔（簡易裁判所）

年次	終局人員	受理から終局まで								平均審理期間（月）	平均開廷回数（回）	平均開廷間隔（月）
		１月以内	２月以内	３月以内	６月以内	１年以内	２年以内	３年以内	３年を超える			
	(100.0)	(4.5)	(58.4)	(25.4)	(9.6)	(1.6)	(0.5)	(0.1)	(0.0)			
平11	11,762	528	6,866	2,982	1,132	192	54	7	1	2.2	2.3	1.0
	(100.0)	(4.6)	(60.2)	(23.4)	(9.4)	(1.7)	(0.7)	(0.1)	(0.0)			
12	11,520	525	6,933	2,694	1,087	192	79	7	3	2.2	2.3	1.0
	(100.0)	(3.9)	(58.7)	(25.0)	(10.1)	(1.8)	(0.4)	(0.1)	(0.0)			
13	11,489	445	6,742	2,877	1,159	205	51	8	2	2.3	2.3	1.0
	(100.0)	(3.8)	(57.5)	(26.5)	(10.2)	(1.6)	(0.4)	(0.0)	(0.0)			
14	12,682	487	7,286	3,357	1,299	201	45	6	1	2.2	2.2	1.0
	(100.0)	(3.2)	(58.5)	(25.9)	(10.1)	(1.9)	(0.4)	(0.0)	(0.0)			
15	13,732	441	8,034	3,556	1,381	256	60	1	3	2.3	2.3	1.0
	(100.0)	(3.4)	(57.4)	(27.1)	(9.8)	(1.9)	(0.3)	(0.0)	(0.0)			
16	14,448	491	8,300	3,911	1,414	273	50	7	2	2.3	2.2	1.0
	(100.0)	(3.7)	(57.6)	(27.5)	(9.0)	(1.7)	(0.4)	(0.0)	(0.0)			
17	14,549	540	8,385	4,007	1,315	247	53	2	−	2.2	2.2	1.0
	(100.0)	(4.9)	(61.7)	(23.7)	(7.5)	(1.8)	(0.4)	(0.1)	(0.0)			
18	13,646	664	8,421	3,229	1,030	242	49	7	4	2.1	2.2	1.0
	(100.0)	(8.4)	(59.1)	(22.4)	(7.9)	(1.8)	(0.3)	(0.0)	(0.0)			
19	11,482	967	6,785	2,573	902	211	39	3	2	2.1	2.2	1.0
	(100.0)	(7.5)	(60.9)	(22.2)	(7.8)	(1.3)	(0.3)	(0.0)	(0.0)			
20	10,632	797	6,477	2,359	828	139	29	2	1	2.0	2.1	0.9
	(100.0)	(8.3)	(59.0)	(23.1)	(7.9)	(1.4)	(0.2)	(0.0)	(0.0)			
21	10,715	894	6,320	2,479	847	147	24	2	2	2.0	2.1	1.0
	(100.0)	(7.6)	(59.7)	(22.9)	(7.9)	(1.7)	(0.3)	(0.0)	(0.0)			
22	9,876	753	5,892	2,257	782	163	26	1	2	2.1	2.2	1.0
	(100.0)	(6.7)	(62.3)	(21.7)	(7.5)	(1.4)	(0.3)	(0.0)	(0.0)			
23	9,142	611	5,698	1,984	688	130	25	3	3	2.1	2.2	1.0
	(100.0)	(6.1)	(62.2)	(22.1)	(7.6)	(1.6)	(0.2)	(0.1)	(0.0)			
24	8,340	506	5,191	1,847	635	137	19	5	−	2.1	2.2	1.0
	(100.0)	(8.2)	(61.0)	(21.6)	(7.4)	(1.5)	(0.2)	(0.0)	(0.0)			
25	8,109	664	4,950	1,750	602	119	18	3	3	2.0	2.1	1.0
	(100.0)	(4.5)	(61.1)	(24.3)	(7.9)	(1.8)	(0.3)	(0.0)	(0.0)			
26	7,165	320	4,380	1,744	568	128	20	2	3	2.1	2.2	1.0
	(100.0)	(4.1)	(59.5)	(26.6)	(7.4)	(2.2)	(0.3)	(0.0)	(0.0)			
27	6,590	267	3,918	1,753	486	148	17	−	1	2.2	2.2	1.0
	(100.0)	(4.0)	(60.4)	(25.4)	(8.0)	(2.0)	(0.3)	(0.0)	(0.0)			
28	5,856	236	3,535	1,488	466	115	15	−	1	2.2	2.2	1.0
	(100.0)	(4.8)	(58.6)	(25.3)	(8.8)	(2.2)	(0.2)	(0.0)	(0.0)			
29	5,524	264	3,239	1,398	486	122	12	1	2	2.2	2.2	1.0
	(100.0)	(4.4)	(57.0)	(26.4)	(9.9)	(1.9)	(0.3)	(0.0)	(0.1)			
30	5,051	224	2,878	1,333	499	98	16	−	3	2.2	2.2	1.0
	(100.0)	(4.1)	(49.3)	(32.7)	(11.0)	(2.4)	(0.4)	(0.1)	(0.0)			
令元	4,511	185	2,224	1,474	496	108	18	4	2	2.4	2.3	1.1
	(100.0)	(3.7)	(46.5)	(32.4)	(14.2)	(2.5)	(0.7)	(0.1)	(0.0)			
2	3,900	144	1,813	1,262	554	99	26	2	−	2.5	2.2	1.2

（注）１　実人員である。
２　平均開廷間隔は，平均審理期間を平均開廷回数で除したものである。
３　（　）内は％である。

2　調停事件

§1　民事調停事件

年　次	平均審理期間　（月）
平成 元 年	4.5
2	4.4
3	4.2
4	3.8
5	3.7
6	3.5
7	3.2
8	2.9
9	2.8
10	2.6
11	2.4
12	2.4
13	2.5
14	2.3
15	2.3
16	2.2
17	2.0
18	2.1
19	2.1
20	2.2
21	2.4
22	2.4
23	2.4
24	2.6
25	2.9
26	3.0
27	3.2
28	3.3
29	3.5
30	3.7
令和 元 年	3.9
2	4.2

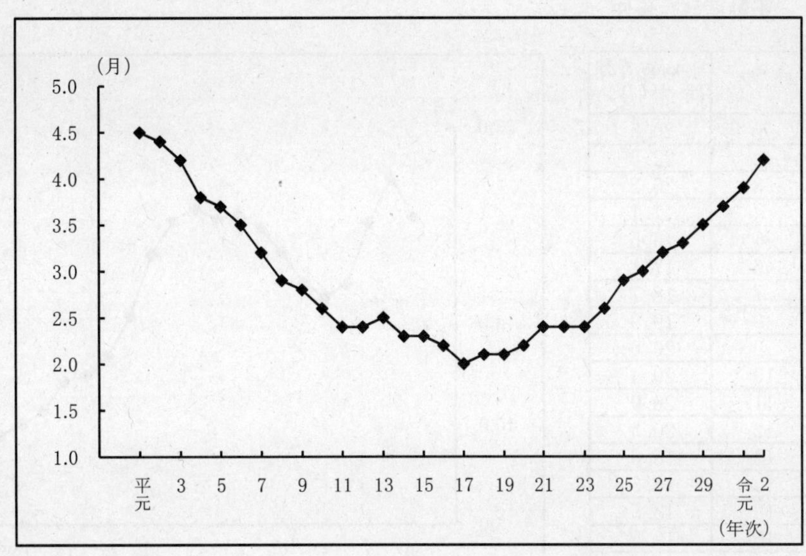

§2　家事調停事件

年　次	平均審理期間（月）
平成 元 年	4.6
2	4.8
3	5.0
4	5.0
5	5.0
6	5.0
7	5.1
8	4.9
9	4.9
10	4.7
11	4.8
12	4.7
13	4.6
14	4.5
15	4.6
16	4.5
17	4.5
18	4.6
19	4.6
20	4.7
21	4.7
22	4.7
23	4.8
24	4.9
25	5.2
26	5.3
27	5.3
28	5.5
29	5.8
30	6.0
令和 元 年	6.3
2	7.2

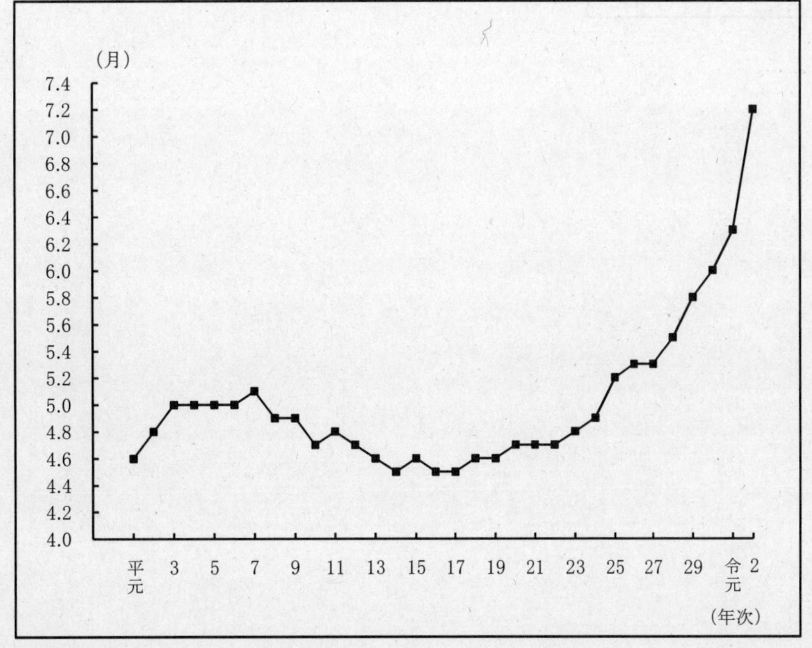

3　民事執行事件

不動産執行事件

年　次	平均審理期間　（月）
平成 元 年	20.5
2	22.5
3	20.2
4	17.1
5	16.5
6	17.1
7	18.7
8	19.9
9	20.6
10	20.4
11	20.9
12	20.3
13	18.6
14	15.5
15	13.5
16	12.5
17	12.2
18	10.7
19	10.0
20	9.5
21	9.8
22	10.2
23	10.1
24	9.6
25	9.3
26	9.2
27	9.1
28	9.0
29	8.9
30	8.6
令和 元 年	8.6
2	9.4

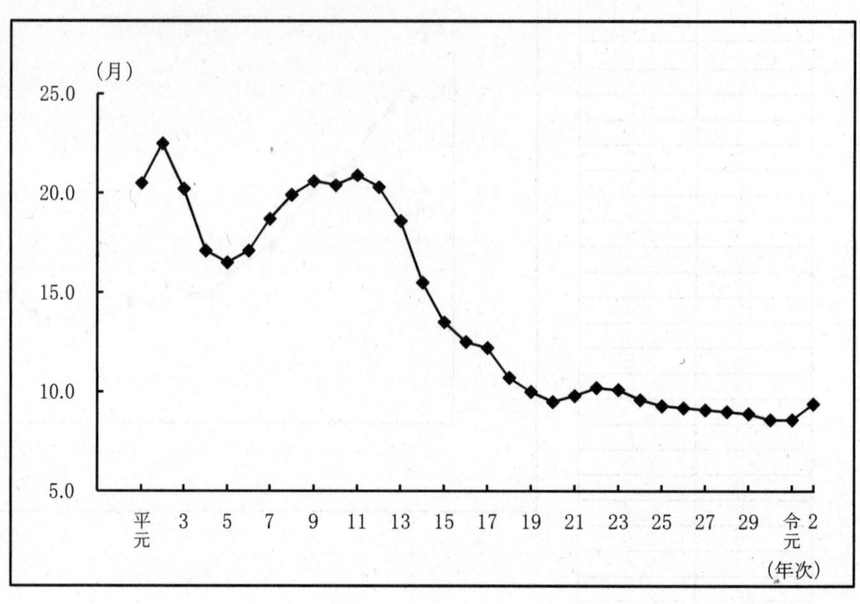

第3　検察審査会の事件の処理状況

（注）1　「建議・勧告」は件数建てによる事件数であり，その他は全て被疑者数による延べ人員である。
　　　2　「施行以来総計」の新受の「申立てによるもの」のうち４１，３５４人並びに既済の「不起訴不当」のうち１０，１０６人及び「その他（審査打切り・申立却下・移送）」のうち３１，２４８人は，東京第一検察審査会の政治資金規正法（量的制限）違反事件関係である（平成４年及び平成５年新受，平成５年既済）。
　　　3　「施行以来総計」の百分比は，新受合計及び既済合計に対する新受及び既済の各内容別の比率である。
　　　4　「第二段階の審査」は，平成２１年5月２１日に施行された改正検察審査会法により新設された手続であり，「開始」は，同日以降に起訴相当の議決がなされた事件について，検察審査会法４１条の２第１項の通知を受け，又は，同第２項の期間が経過した人員である。
　　　5　「起訴議決に至らず」には検察審査会法４１条の３により審査を終了させた人員を含む。

事項	審査事件									第二段階の審査				建議・勧告
	新受			既済					未済	開始	既済		未済	
	申立てによるもの	職権によるもの	合計	起訴相当	不起訴不当	不起訴相当	その他（審査打切り・申立却下・移送）	合計			起訴議決	起訴議決に至らず		
昭和２４年	317	50	367	37	2	210	54	303	64					26
３５	1,697	145	1,842	68	52	1,365	296	1,781	932					8
４５	2,004	466	2,470	20	127	1,500	510	2,157	1,395					7
５５	1,475	269	1,744	6	87	1,863	267	2,223	1,075					1
平成　２年	1,114	162	1,276	1	36	871	318	1,226	699					0
１２	1,765	115	1,880	3	105	1,468	373	1,949	800					2
２２	2,273	31	2,304	10	149	1,764	397	2,320	820	4	6	1	1	0
２８	2,155	36	2,191	3	101	2,023	216	2,343	684	1	0	0	1	0
２９	2,507	37	2,544	1	67	1,895	311	2,274	954	0	0	1	0	0
３０	2,215	27	2,242	3	81	1,958	287	2,329	867	1	0	1	0	0
令和　元年	1,733	64	1,797	9	134	1,640	285	2,068	596	1	0	1	0	0
２	2,116	25	2,141	11	104	1,400	227	1,742	995	5	1	3	1	0
施行以来総計	(92.3) 166,282	(7.7) 13,860	(100.0) 180,142	(1.4) 2,433	(9.1) 16,274	(59.4) 106,418	(30.1) 54,022	(100.0) 179,147		32	15	16		545

付　録

証人等日当及び宿泊（止宿）料

<table>
<tr><th colspan="2">種　　別</th><th>日　当　額</th><th>宿泊（止宿）料</th><th>根 拠 法 令</th></tr>
<tr><td rowspan="4">民事訴訟</td><td>証　人　等</td><td>（令和元.8.1施行）
8,050円以内</td><td rowspan="2">（平成2.4.24施行）
甲 地 方　8,700円以内
乙 地 方　7,800円以内</td><td rowspan="3">民事訴訟費用等に関する法律
民事訴訟費用等に関する規則</td></tr>
<tr><td>鑑定人・通訳人
査証人・説明者</td><td>（令和元.8.1施行）
7,650円以内</td></tr>
<tr><td>参　考　人</td><td>（令和元.8.1施行）
8,050円以内</td><td>（平成10.1.1施行）
甲 地 方　8,700円以内
乙 地 方　7,800円以内</td></tr>
<tr><td>司 法 委 員</td><td>（令和元.8.1施行）
10,350円以内</td><td>（平成16.5.1施行）
甲 地 方　10,900円以内
乙 地 方　9,800円以内</td><td>司法委員規則</td></tr>
<tr><td rowspan="3">民事保全　労働審判</td><td>証　人　等</td><td colspan="3" rowspan="3">民事訴訟に同じ</td></tr>
<tr><td>鑑定人・通訳人・説明者</td></tr>
<tr><td>参考人</td></tr>
<tr><td rowspan="5">刑事訴訟</td><td>証　人　等</td><td>（令和元.8.1施行）
8,050円以内</td><td rowspan="2">（平成2.4.24施行）
甲 地 方　8,700円以内
乙 地 方　7,800円以内</td><td rowspan="3">刑事訴訟費用等に関する法律
刑事の手続における証人等に対する給付に関する規則</td></tr>
<tr><td>鑑定人・通訳人・翻訳人</td><td rowspan="2">（令和元.8.1施行）
7,650円以内</td></tr>
<tr><td>国選弁護人</td><td>（平成2.4.24施行）
甲 地 方　13,100円以内
乙 地 方　11,800円以内</td></tr>
<tr><td>裁判員・補充裁判員</td><td>（令和元.8.1施行）
10,050円以内</td><td rowspan="2">（平成21.5.21施行）
甲 地 方　8,700円以内
乙 地 方　7,800円以内</td><td rowspan="2">裁判員の参加する刑事裁判に関する法律
裁判員の参加する刑事裁判に関する規則</td></tr>
<tr><td>選任予定裁判員・
裁判員候補者</td><td>（令和元.8.1施行）
8,050円以内</td></tr>
<tr><td>人身保護</td><td>国 選 代 理 人</td><td>（令和元.8.1施行）
7,650円以内</td><td>（平成2.4.24施行）
甲 地 方　13,100円以内
乙 地 方　11,800円以内</td><td>人身保護法による国選代理人の旅費等に関する規則</td></tr>
<tr><td rowspan="3">非訟・借地非訟</td><td>証　人　等</td><td colspan="3" rowspan="2">民事訴訟に同じ</td></tr>
<tr><td>鑑定人・通訳人・説明者</td></tr>
<tr><td>鑑 定 委 員</td><td>（令和元.8.1施行）
6,060円以内</td><td>（平成2.4.24施行）
甲 地 方　8,700円以内
乙 地 方　7,800円以内</td><td>鑑定委員規則</td></tr>
<tr><td rowspan="2">民事調停</td><td>証　人　等</td><td colspan="3" rowspan="2">民事訴訟に同じ</td></tr>
<tr><td>鑑定人・通訳人・説明者</td></tr>
<tr><td rowspan="2">執行官事件</td><td>立　会　人</td><td>（令和元.8.1施行）
5,400円以内</td><td rowspan="2">（平成2.4.24施行）
甲 地 方　8,700円以内
乙 地 方　7,800円以内</td><td rowspan="2">執行官の手数料及び費用に関する規則</td></tr>
<tr><td>評　価　人</td><td>（令和元.8.1施行）
7,650円以内</td></tr>
<tr><td rowspan="3">人事訴訟　家事審判・調停</td><td>証　人　等</td><td colspan="3" rowspan="2">民事訴訟に同じ</td></tr>
<tr><td>鑑定人・通訳人・説明者</td></tr>
<tr><td>参　与　員</td><td>（令和元.8.1施行）
10,350円以内</td><td>（平成16.5.1施行）
甲 地 方　10,900円以内
乙 地 方　9,800円以内</td><td>参与員規則</td></tr>
<tr><td rowspan="3">少年審判</td><td>証　人　等</td><td colspan="2" rowspan="3">刑事訴訟費用に関する法令の規定を準用</td><td rowspan="3">少　年　法</td></tr>
<tr><td>鑑定人・通訳人・翻訳人</td></tr>
<tr><td>国選付添人</td></tr>
<tr><td rowspan="3">心身喪失者等　医療観察</td><td>証　人　等</td><td colspan="2" rowspan="3">刑事訴訟費用に関する法令の規定を準用</td><td rowspan="3">心神喪失等の状態で重大な他害行為を行った者の医療及び観察等に関する法律</td></tr>
<tr><td>鑑定人・通訳人・翻訳人</td></tr>
<tr><td>国選付添人</td></tr>
<tr><td>検察審査会</td><td>検察審査員・補充員
証人・助言者</td><td>（令和元.8.1施行）
8,050円以内</td><td>（平成2.4.24施行）
甲 地 方　8,700円以内
乙 地 方　7,800円以内</td><td>検察審査員等の旅費，日当及び宿泊料を定める政令</td></tr>
</table>

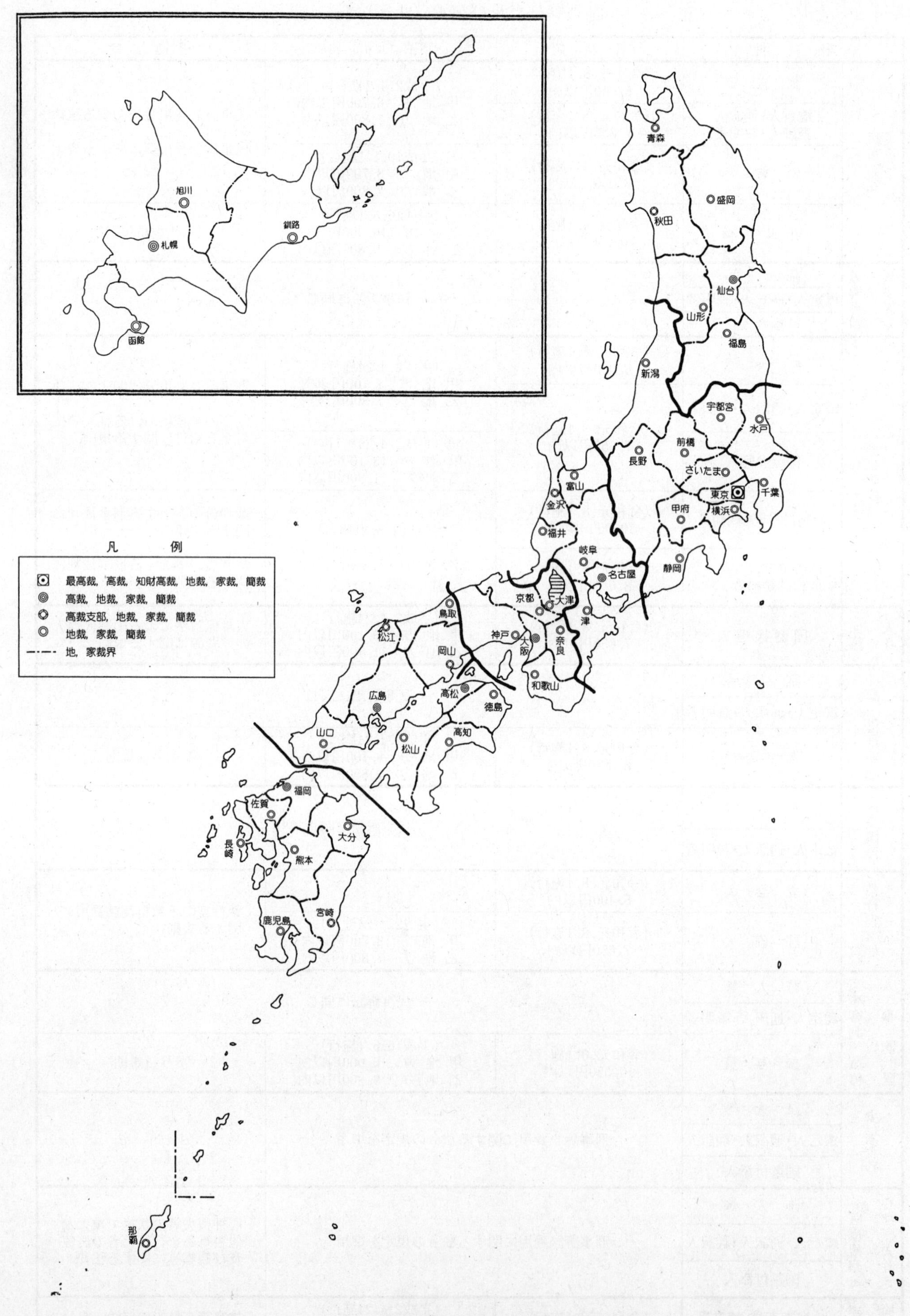

旭川
札幌
釧路
函館
青森
盛岡
秋田
仙台
山形
福島
新潟
宇都宮
水戸
前橋
長野
さいたま
東京
千葉
富山
金沢
甲府
横浜
福井
岐阜
静岡
名古屋
京都
大津
津
鳥取
松江
神戸
大阪
奈良
岡山
和歌山
高松
徳島
広島
山口
高知
松山
福岡
佐賀
大分
長崎
熊本
宮崎
鹿児島
那覇
凡　例
最高裁，高裁，知財高裁，地裁，家裁，簡裁
高裁，地裁，家裁，簡裁
高裁支部，地裁，家裁，簡裁
地裁，家裁，簡裁
地，家裁界

全国裁判所所在地図

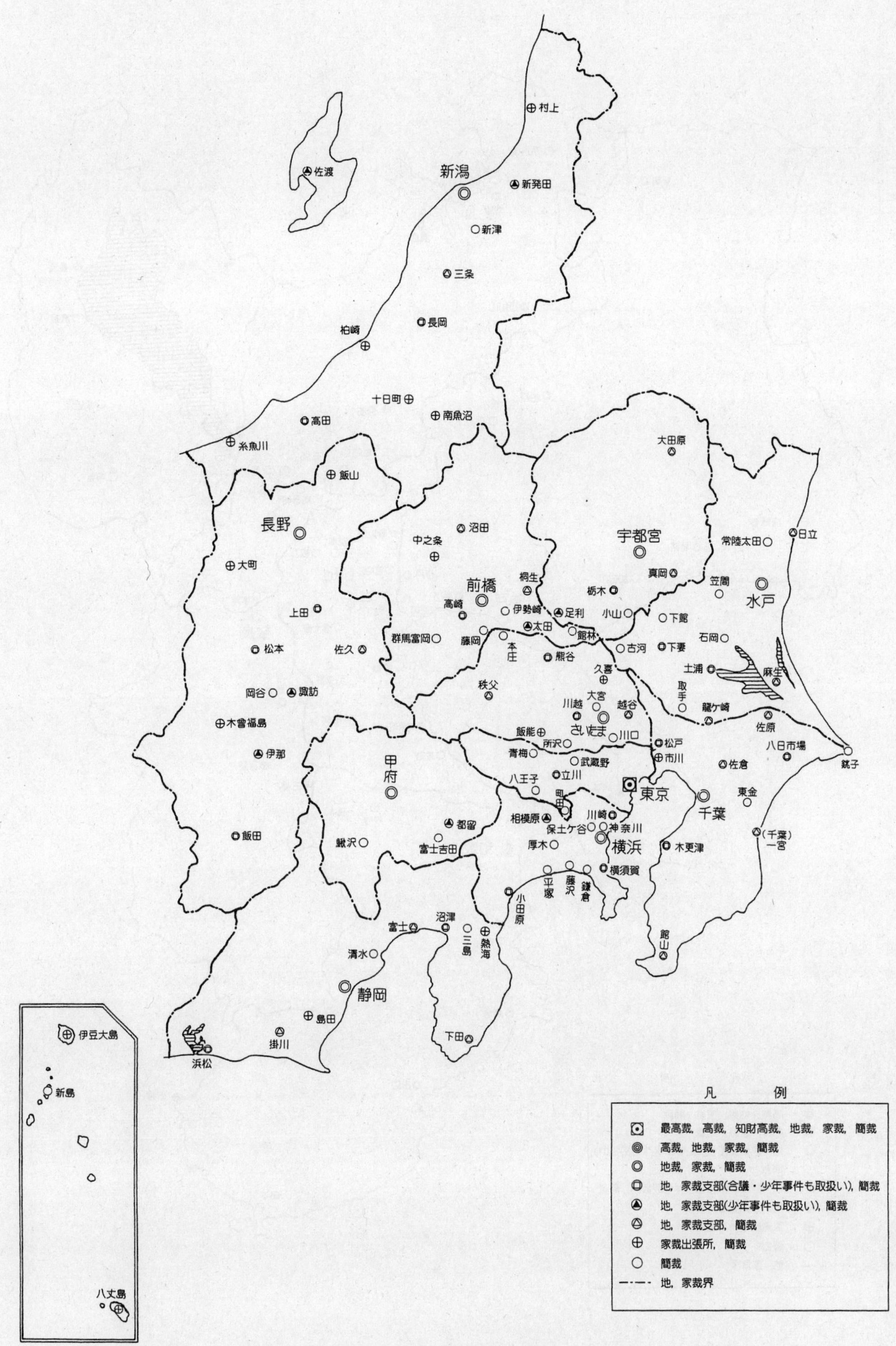

東京高等裁判所管内裁判所

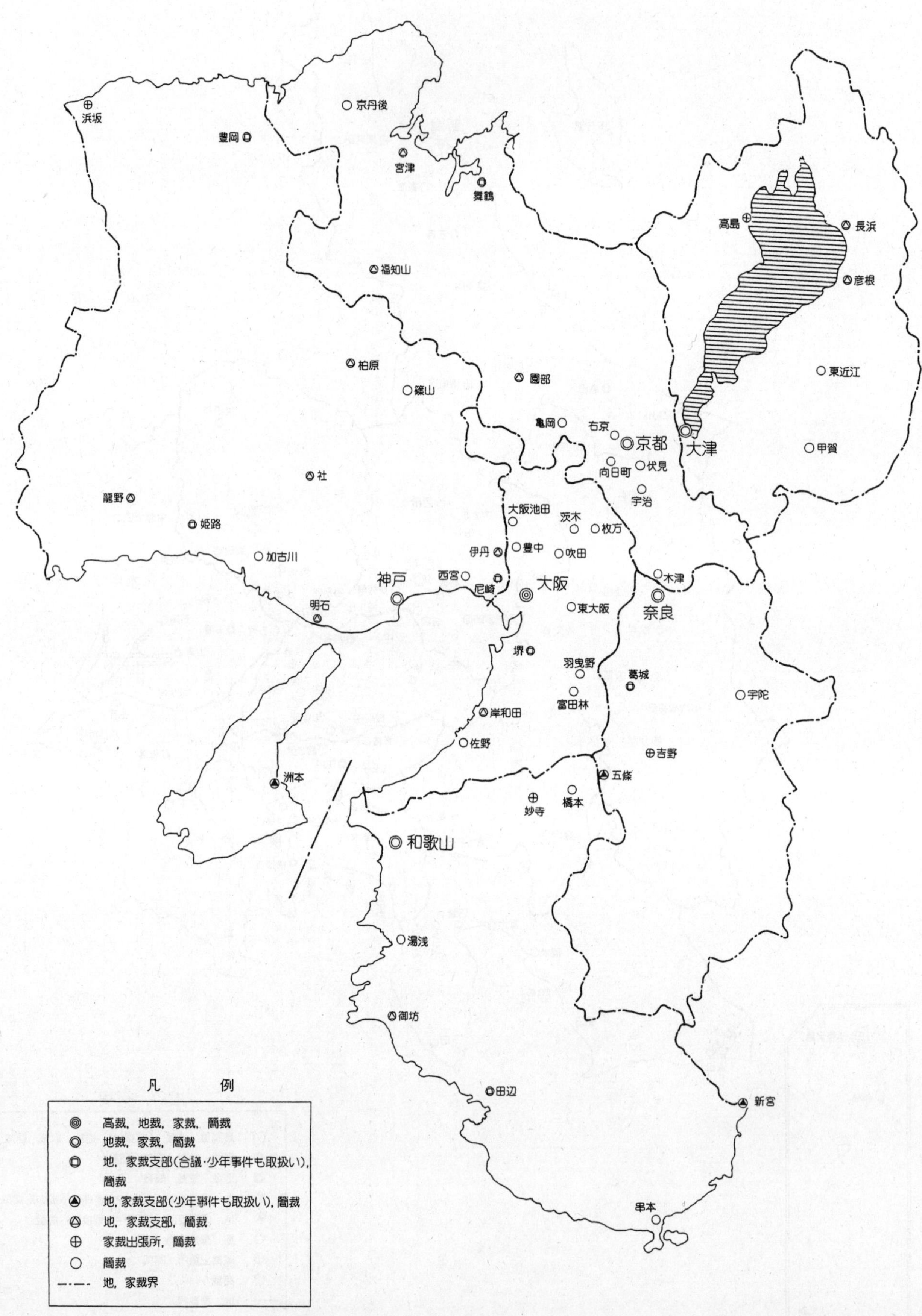
浜坂
豊岡
京丹後
宮津
舞鶴
福知山
柏原
篠山
園部
亀岡
右京
京都
大津
向日町
伏見
宇治
高島
長浜
彦根
東近江
甲賀
社
龍野
姫路
加古川
大阪池田
茨木
枚方
伊丹
豊中
吹田
西宮
尼崎
神戸
大阪
木津
奈良
明石
東大阪
堺
羽曳野
葛城
富田林
宇陀
岸和田
佐野
吉野
洲本
五條
妙寺
橋本
和歌山
湯浅
御坊
田辺
新宮
串本
凡　例
高裁，地裁，家裁，簡裁
地裁，家裁，簡裁
地，家裁支部（合議・少年事件も取扱い），簡裁
地，家裁支部（少年事件も取扱い），簡裁
地，家裁支部，簡裁
家裁出張所，簡裁
簡裁
地，家裁界

大阪高等裁判所管内裁判所

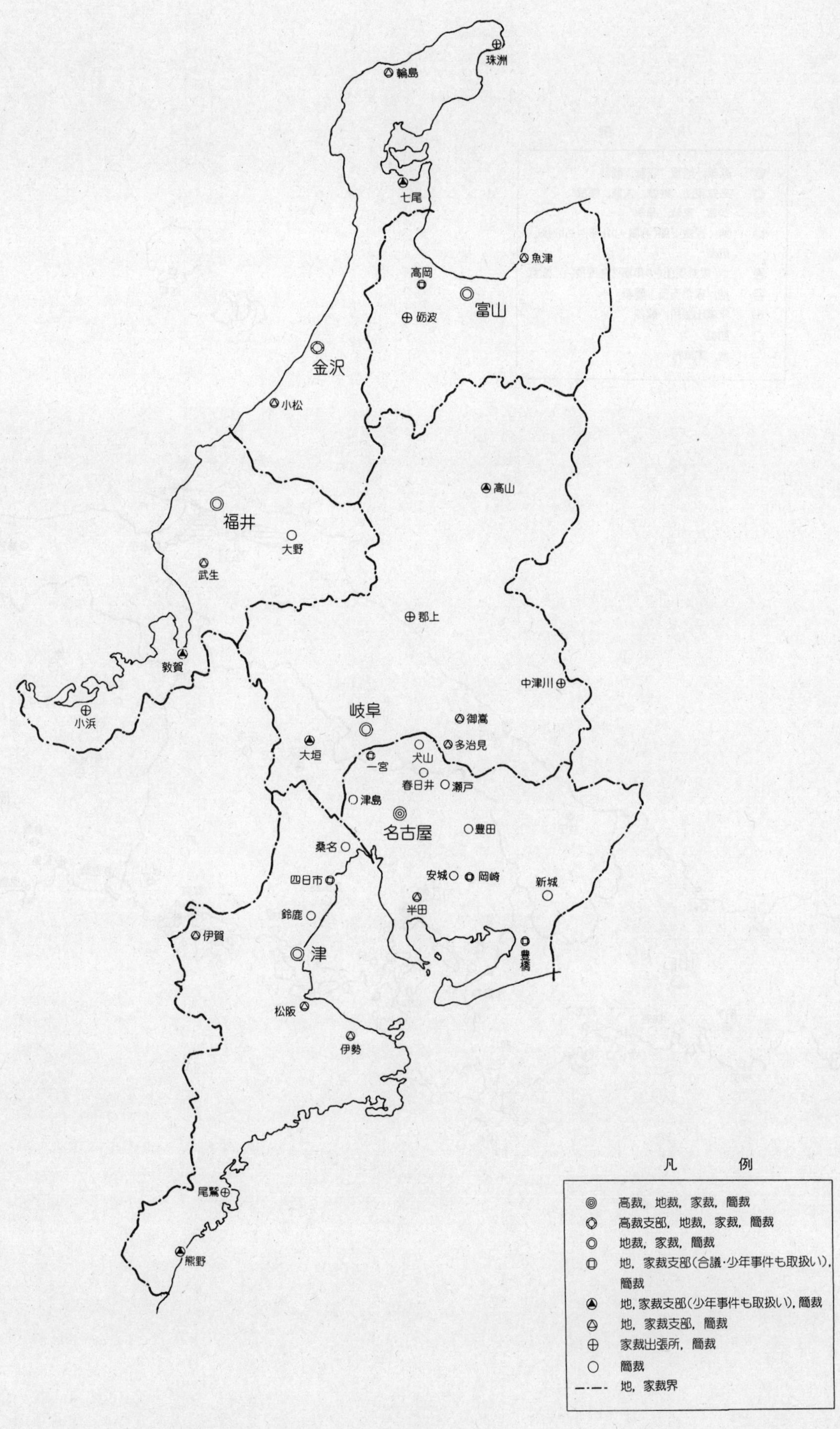

名古屋高等裁判所管内裁判所

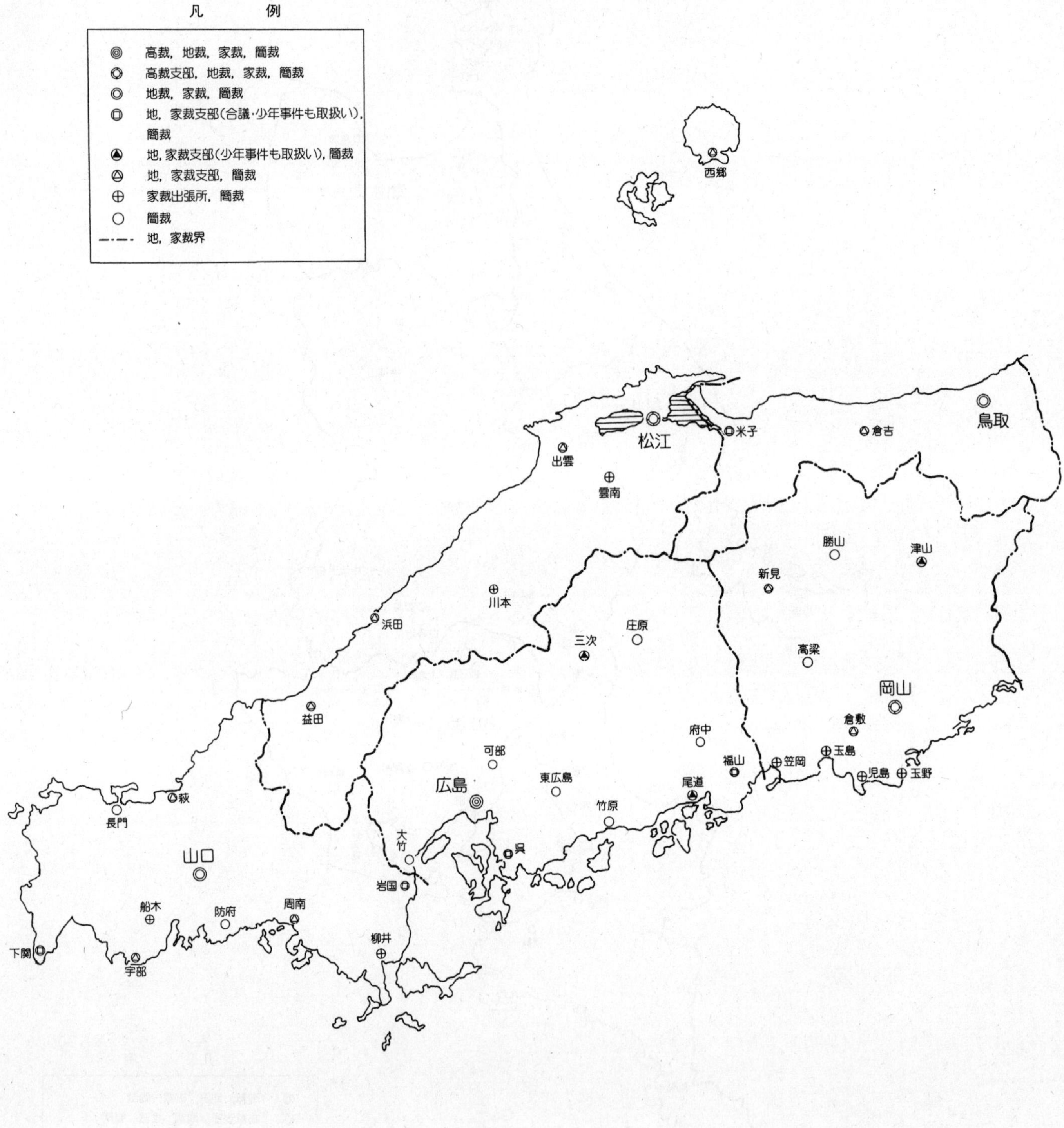

凡　例

- ◎ 高裁，地裁，家裁，簡裁
- 高裁支部，地裁，家裁，簡裁
- ◎ 地裁，家裁，簡裁
- 地，家裁支部（合議・少年事件も取扱い），簡裁
- ▲ 地，家裁支部（少年事件も取扱い），簡裁
- △ 地，家裁支部，簡裁
- ⊕ 家裁出張所，簡裁
- ○ 簡裁
- －・－ 地，家裁界

松江
米子
倉吉
鳥取
出雲
雲南
勝山
津山
新見
川本
浜田
三次
庄原
高梁
岡山
益田
倉敷
府中
可部
福山
笠岡
玉島
児島
玉野
東広島
広島
尾道
竹原
萩
長門
大竹
呉
山口
岩国
船木
防府
周南
柳井
下関
宇部

広島高等裁判所管内裁判所

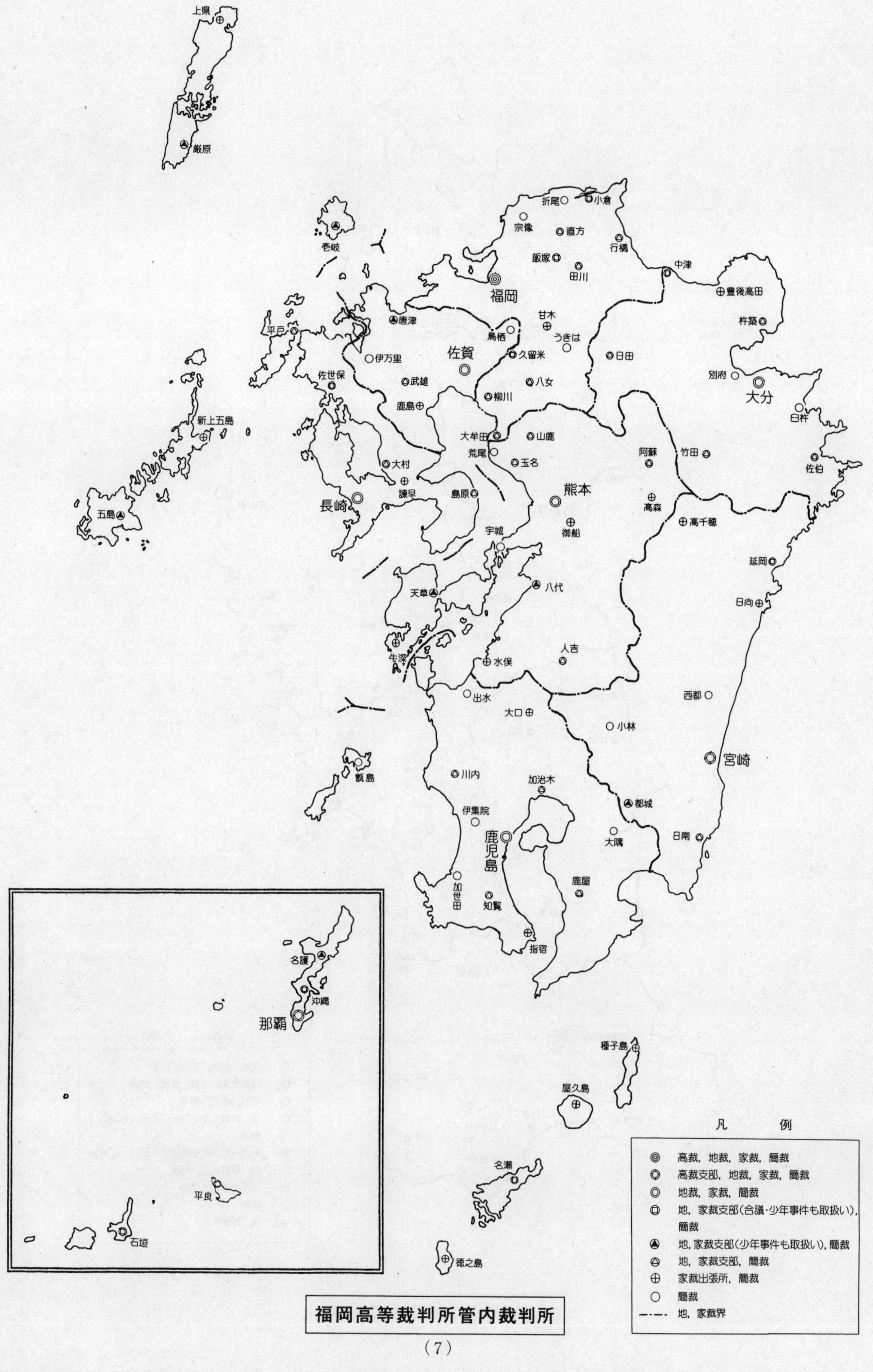

福岡高等裁判所管内裁判所

むつ
野辺地
五所川原
青森
鰺ヶ沢
弘前
十和田
八戸
二戸
久慈
大館
能代
鹿角
男鹿
秋田
角館
盛岡
宮古
大曲
花巻
遠野
本荘
横手
釜石
水沢
湯沢
大船渡
一関
酒田
気仙沼
築館
鶴岡
新庄
登米
古川
石巻
仙台
山形
大河原
長井
赤湯
米沢
相馬
福島
会津若松
郡山
福島富岡
田島
白河
いわき
棚倉
凡　　例
高裁，地裁，家裁，簡裁
高裁支部，地裁，家裁，簡裁
地裁，家裁，簡裁
地，家裁支部（合議・少年事件も取扱い），簡裁
地，家裁支部（少年事件も取扱い），簡裁
地，家裁支部，簡裁
家裁出張所，簡裁
簡裁
地，家裁界

仙台高等裁判所管内裁判所

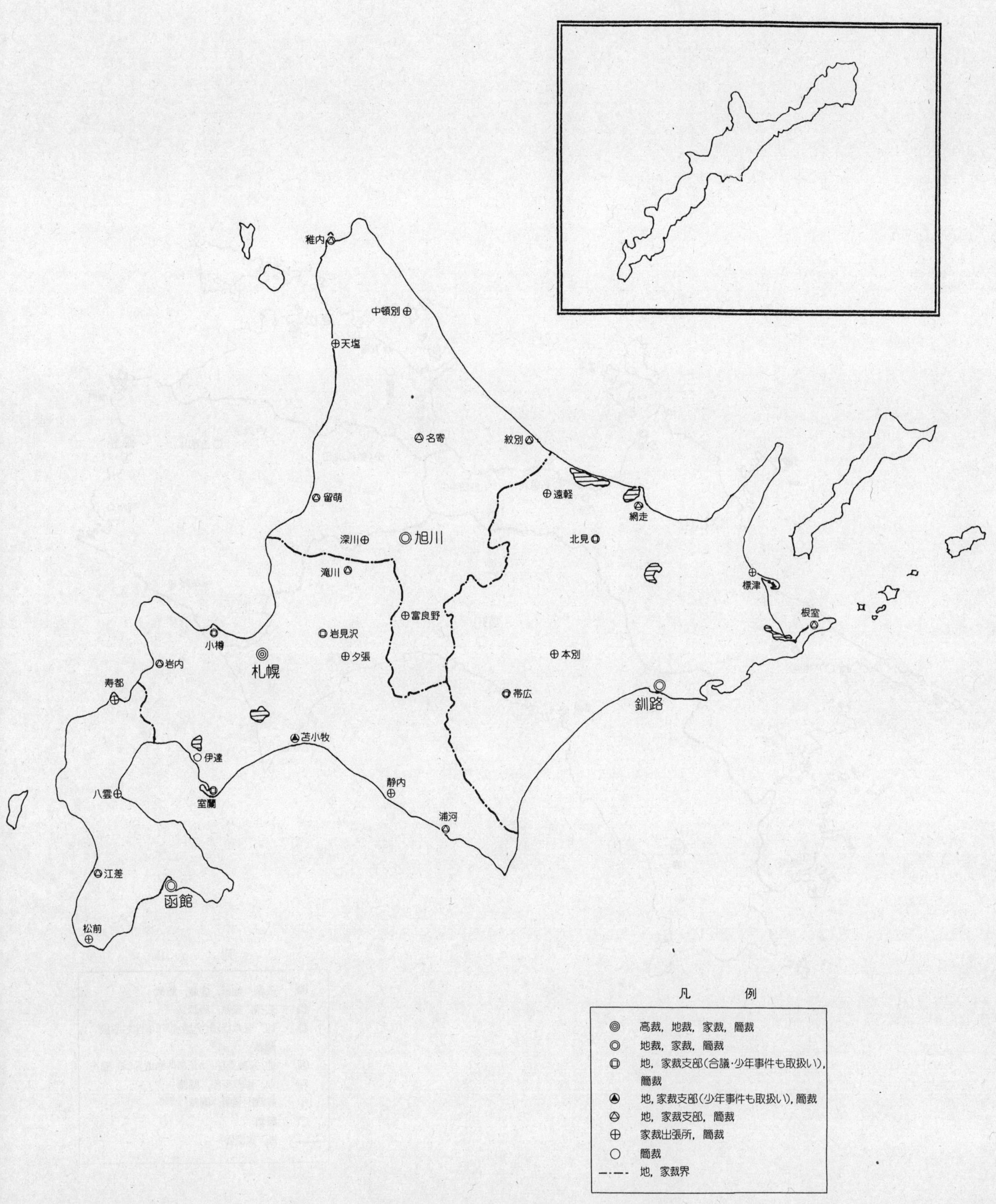
稚内
中頓別
天塩
名寄
紋別
留萌
遠軽
網走
深川
旭川
北見
滝川
標津
根室
富良野
岩見沢
小樽
札幌
夕張
本別
岩内
寿都
帯広
釧路
苫小牧
伊達
八雲
室蘭
静内
浦河
江差
函館
松前
凡　　例
高裁，地裁，家裁，簡裁
地裁，家裁，簡裁
地，家裁支部（合議・少年事件も取扱い），簡裁
地，家裁支部（少年事件も取扱い），簡裁
地，家裁支部，簡裁
家裁出張所，簡裁
簡裁
地，家裁界

札幌高等裁判所管内裁判所

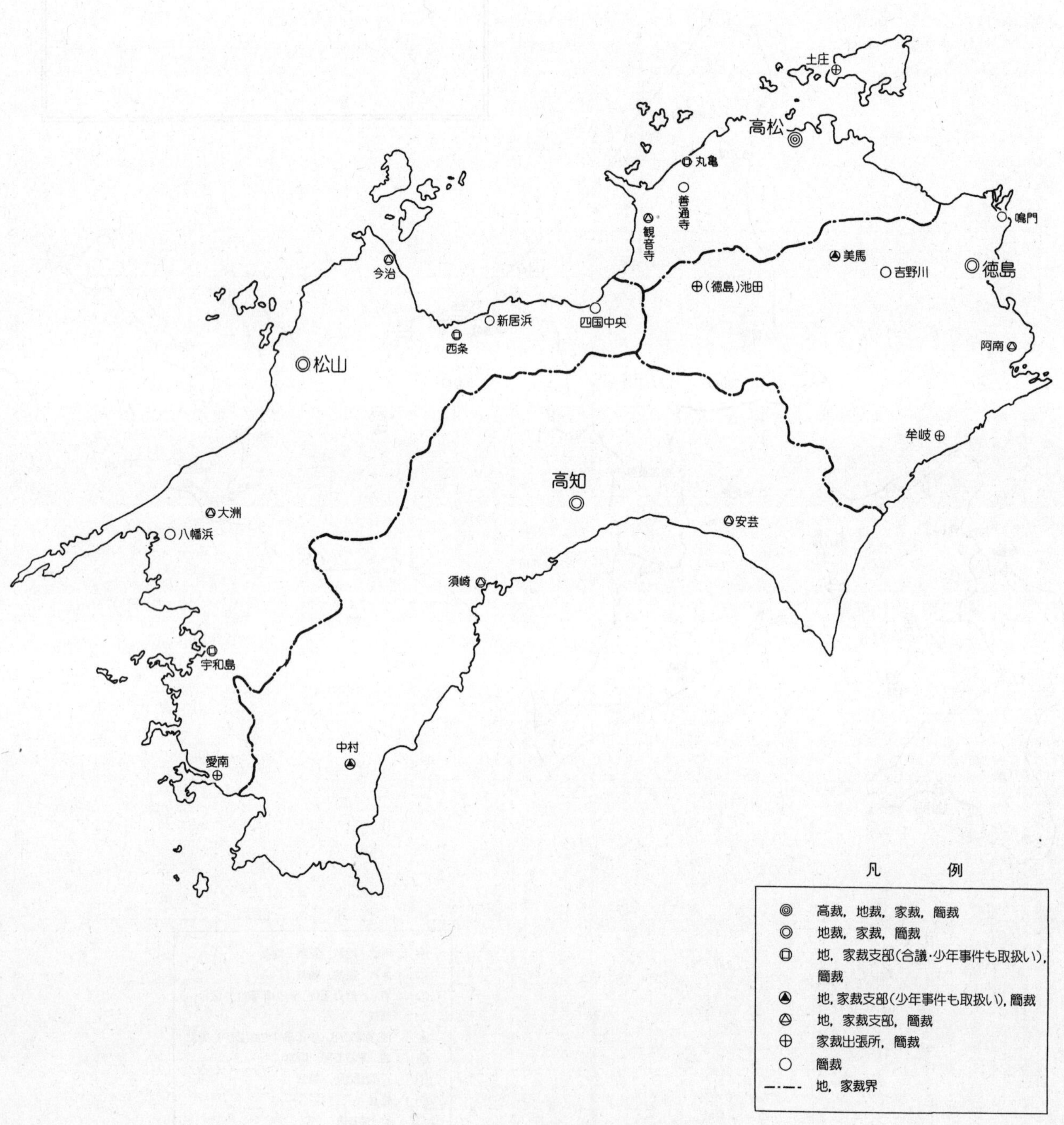
土庄
高松
丸亀
善通寺
観音寺
鳴門
美馬
吉野川
徳島
(徳島)池田
今治
新居浜
四国中央
西条
松山
阿南
牟岐
高知
大洲
八幡浜
安芸
須崎
宇和島
中村
愛南
凡　例
高裁，地裁，家裁，簡裁
地裁，家裁，簡裁
地，家裁支部(合議·少年事件も取扱い)，簡裁
地，家裁支部(少年事件も取扱い)，簡裁
地，家裁支部，簡裁
家裁出張所，簡裁
簡裁
地，家裁界

高松高等裁判所管内裁判所

全国の裁判所の所在地及び電話番号一覧

裁判所のウェブサイト https://www.courts.go.jp/

裁判所名	所在地		電話番号
最高裁判所	102-8651	千代田区隼町4-2	03-3264-8111
東京高等裁判所	100-8933	千代田区霞が関1-1-4	03-3581-5411
知的財産高等裁判所	100-8933	千代田区霞が関1-1-4	03-3581-1710
大阪高等裁判所	530-8521	大阪市北区西天満2-1-10	06-6363-1281
名古屋高等裁判所	460-8503	名古屋市中区三の丸1-4-1	052-203-1611
名古屋高等裁判所金沢支部	920-8655	金沢市丸の内7-1	076-262-3225
広島高等裁判所	730-0012	広島市中区上八丁堀2-43	082-221-2411
広島高等裁判所岡山支部	700-0807	岡山市北区南方1-8-42	086-222-8851
広島高等裁判所松江支部	690-8523	松江市母衣町68	0852-23-3100
福岡高等裁判所	810-8608	福岡市中央区六本松4-2-4	092-781-3141
福岡高等裁判所宮崎支部	880-0803	宮崎市旭2-3-13	0985-68-5115
福岡高等裁判所那覇支部	900-0022	那覇市樋川1-14-1	098-918-3344
仙台高等裁判所	980-8638	仙台市青葉区片平1-6-1	022-222-6111
仙台高等裁判所秋田支部	010-8504	秋田市山王7-1-1	018-824-3121
札幌高等裁判所	060-0042	札幌市中央区大通西11	011-290-2409
高松高等裁判所	760-8586	高松市丸の内1-36	087-851-1549
東京地方裁判所	100-8920	千代田区霞が関1-1-4 民事第8部・同第20部 千代田区霞が関1-1-2	03-3581-5411
民事執行センター	152-8527	目黒区目黒本町2-26-14	03-5721-4630
東京家庭裁判所	100-8956	千代田区霞が関1-1-2	03-3502-8311
東京簡易裁判所	100-8971	千代田区霞が関1-1-2 刑事室 千代田区霞が関1-1-4	03-3581-5411
墨田庁舎	130-8636	墨田区錦糸4-16-7	03-5819-0267
東京家庭裁判所八丈島出張所 八丈島簡易裁判所	100-1401	八丈島八丈町大賀郷1485-1	家裁 04996-2-0619 簡裁 04996-2-0037
東京家庭裁判所伊豆大島出張所 伊豆大島簡易裁判所	100-0101	大島町元町字家の上445-10	04992-2-1165
新島簡易裁判所	100-0402	新島村本村3-2-2	04992-5-1210
東京地方裁判所立川支部 東京家庭裁判所立川支部 立川簡易裁判所	地裁 190-8571 家裁 190-8589 簡裁 190-8572	立川市緑町10-4	地・家裁 042-845-0365 簡裁 042-845-0281
八王子簡易裁判所	192-8516	八王子市明神町4-21-1	042-642-7020
武蔵野簡易裁判所	180-0006	武蔵野市中町2-4-12	0422-52-2692
青梅簡易裁判所	198-0031	青梅市師岡町1-1300-1	0428-22-2459

裁判所名		所在地	電話番号
町田簡易裁判所	194-0022	町田市森野2-28-11	042-727-5011
横浜地方裁判所 横浜簡易裁判所	地裁 231-8502 簡裁 231-0021	横浜市中区日本大通9	地裁 045-664-8777 簡裁 045-662-6971
横浜家庭裁判所	231-8585	横浜市中区寿町1-2	045-345-3505
神奈川簡易裁判所	221-0822	横浜市神奈川区西神奈川1-11-1	045-321-8045
保土ケ谷簡易裁判所	240-0062	横浜市保土ケ谷区岡沢町239	045-331-5991
鎌倉簡易裁判所	248-0014	鎌倉市由比ガ浜2-23-22	0467-22-2202
藤沢簡易裁判所	251-0054	藤沢市朝日町1-8	0466-22-2684
横浜地方裁判所相模原支部 横浜家庭裁判所相模原支部 相模原簡易裁判所	252-0236	相模原市中央区富士見6-10-1	地裁 042-757-7506 家裁 042-755-8661 簡裁 042-757-7707
横浜地方裁判所川崎支部 横浜家庭裁判所川崎支部 川崎簡易裁判所	地・簡裁 210-8559 家裁 210-8537	川崎市川崎区富士見1-1-3	地裁 044-233-8171 家裁 044-222-1315 簡裁 044-233-8174
横浜地方裁判所横須賀支部 横浜家庭裁判所横須賀支部 横須賀簡易裁判所	地・簡裁 238-8510 家裁 238-8513	横須賀市新港町1-9	地裁 046-823-1905 家裁 046-825-0569 簡裁 046-823-1907
横浜地方裁判所小田原支部 横浜家庭裁判所小田原支部 小田原簡易裁判所	250-0012	小田原市本町1-7-9	地裁 0465-22-6186 家裁 0465-22-6586 簡裁 0465-24-1570
平塚簡易裁判所	254-0045	平塚市見附町43-9	0463-31-0513
厚木簡易裁判所	243-0003	厚木市寿町3-5-3	046-221-2018
さいたま地方裁判所 さいたま家庭裁判所 さいたま簡易裁判所	330-0063	さいたま市浦和区高砂3-16-45	地裁 048-863-8519 家裁 048-863-8761 簡裁 048-863-8739
川口簡易裁判所	332-0032	川口市中青木2-22-5	048-252-3770
大宮簡易裁判所	330-0803	さいたま市大宮区高鼻町3-140	048-641-4288
さいたま家庭裁判所久喜出張所 久喜簡易裁判所	346-0016	久喜市久喜東1-15-3	0480-21-0157
さいたま地方裁判所越谷支部 さいたま家庭裁判所越谷支部 越谷簡易裁判所	343-0023	越谷市東越谷9-2-8	地裁 048-910-0112 家裁 048-910-0132 簡裁 048-910-0127
さいたま地方裁判所川越支部 さいたま家庭裁判所川越支部 川越簡易裁判所	350-8531	川越市宮下町2-1-3	地裁 049-273-3015 家裁 049-273-3031 簡裁 049-273-3020
所沢簡易裁判所	359-0042	所沢市並木6-1-4	04-2996-1801
さいたま家庭裁判所飯能出張所 飯能簡易裁判所	357-0021	飯能市大字双柳371	042-972-2342
さいたま地方裁判所熊谷支部 さいたま家庭裁判所熊谷支部 熊谷簡易裁判所	360-0041	熊谷市宮町1-68	地裁 048-500-3109 家裁 048-500-3120 簡裁 048-500-3121
本庄簡易裁判所	367-0031	本庄市北堀1394-3	0495-22-2514
さいたま地方裁判所秩父支部 さいたま家庭裁判所秩父支部 秩父簡易裁判所	368-0035	秩父市上町2-9-12	0494-22-0226
千葉地方裁判所 千葉家庭裁判所 千葉簡易裁判所	260-0013	千葉市中央区中央4-11-27	地裁 043-333-5236 家裁 043-333-5302 簡裁 043-333-5292
千葉家庭裁判所市川出張所 市川簡易裁判所	272-8511	市川市鬼高2-20-20	家裁 047-336-3002 簡裁 047-334-3241

裁判所名		所 在 地	電 話 番 号
千葉地方裁判所佐倉支部 千葉家庭裁判所佐倉支部 佐倉簡易裁判所	285-0038	佐倉市弥勒町92	地・簡裁 043-484-1215 家裁 043-484-1216
千葉地方裁判所一宮支部 千葉家庭裁判所一宮支部 千葉一宮簡易裁判所	299-4397	長生郡一宮町一宮2791	0475-42-3531
千葉地方裁判所松戸支部 千葉家庭裁判所松戸支部 松戸簡易裁判所	271-8522	松戸市岩瀬無番地	047-368-5141
千葉地方裁判所木更津支部 千葉家庭裁判所木更津支部 木更津簡易裁判所	292-0832	木更津市新田2-5-1	0438-22-3774
千葉地方裁判所館山支部 千葉家庭裁判所館山支部 館山簡易裁判所	294-0045	館山市北条1073	0470-22-2273
千葉地方裁判所八日市場支部 千葉家庭裁判所八日市場支部 八日市場簡易裁判所	289-2144	匝瑳市八日市場イ2760	0479-72-1300
銚子簡易裁判所	288-0817	銚子市清川町4-9-4	0479-22-1249
東金簡易裁判所	283-0005	東金市田間2354-2	0475-52-2331
千葉地方裁判所佐原支部 千葉家庭裁判所佐原支部 佐原簡易裁判所	287-0003	香取市佐原イ3375	0478-52-3040
水戸地方裁判所 水戸家庭裁判所 水戸簡易裁判所	310-0062	水戸市大町1-1-38	地裁 029-224-8408 家裁 029-224-8513 簡裁 029-224-8284
笠間簡易裁判所	309-1611	笠間市笠間1753	0296-72-0259
常陸太田簡易裁判所	313-0014	常陸太田市木崎二町2019	0294-72-0065
水戸地方裁判所日立支部 水戸家庭裁判所日立支部 日立簡易裁判所	317-0073	日立市幸町2-10-12	0294-21-4441
水戸地方裁判所土浦支部 水戸家庭裁判所土浦支部 土浦簡易裁判所	300-8567	土浦市中央1-13-12	029-821-4359
石岡簡易裁判所	315-0013	石岡市府中1-6-3	0299-22-2374
水戸地方裁判所龍ケ崎支部 水戸家庭裁判所龍ケ崎支部 龍ケ崎簡易裁判所	301-0824	龍ケ崎市4918	0297-62-0100
取手簡易裁判所	302-0004	取手市取手3-2-20	0297-72-0156
水戸地方裁判所麻生支部 水戸家庭裁判所麻生支部 麻生簡易裁判所	311-3832	行方市麻生143	0299-72-0091
水戸地方裁判所下妻支部 水戸家庭裁判所下妻支部 下妻簡易裁判所	304-0067	下妻市下妻乙99	0296-43-6781
下館簡易裁判所	308-0041	筑西市乙237-6	0296-22-4089
古河簡易裁判所	306-0011	古河市東3-4-20	0280-32-0291
宇都宮地方裁判所 宇都宮家庭裁判所 宇都宮簡易裁判所	320-8505	宇都宮市小幡1-1-38	地・簡裁 028-621-4743 家裁 028-621-4843
宇都宮地方裁判所真岡支部 宇都宮家庭裁判所真岡支部 真岡簡易裁判所	321-4305	真岡市荒町5117-2	0285-82-2076

裁判所名	所在地		電話番号
宇都宮地方裁判所大田原支部 宇都宮家庭裁判所大田原支部 大田原簡易裁判所	324-0056	大田原市中央2-3-25	0287-22-2112
宇都宮地方裁判所栃木支部 宇都宮家庭裁判所栃木支部 栃木簡易裁判所	328-0035	栃木市旭町16-31	0282-23-0225
小山簡易裁判所	323-0031	小山市八幡町1-2-11	0285-22-0536
宇都宮地方裁判所足利支部 宇都宮家庭裁判所足利支部 足利簡易裁判所	326-0057	足利市丸山町621	0284-41-3118
前橋地方裁判所 前橋家庭裁判所 前橋簡易裁判所	371-8531	前橋市大手町3-1-34	027-231-4275
伊勢崎簡易裁判所	372-0031	伊勢崎市今泉町1-1216-1	0270-25-0887
前橋家庭裁判所中之条出張所 中之条簡易裁判所	377-0424	吾妻郡中之条町大字中之条町719-2	0279-75-2138
前橋地方裁判所沼田支部 前橋家庭裁判所沼田支部 沼田簡易裁判所	378-0045	沼田市材木町甲150	0278-22-2709
前橋地方裁判所太田支部 前橋家庭裁判所太田支部 太田簡易裁判所	373-8531	太田市浜町17-5	0276-45-7751
館林簡易裁判所	374-0029	館林市仲町2-36	0276-72-3011
前橋地方裁判所桐生支部 前橋家庭裁判所桐生支部 桐生簡易裁判所	376-8531	桐生市相生町2-371-5	0277-53-2391
前橋地方裁判所高崎支部 前橋家庭裁判所高崎支部 高崎簡易裁判所	370-8531	高崎市高松町26-2	027-322-3541
藤岡簡易裁判所	375-0024	藤岡市藤岡812-4	0274-22-0279
群馬富岡簡易裁判所	370-2316	富岡市富岡1383-1	0274-62-2258
静岡地方裁判所 静岡簡易裁判所	420-8633	静岡市葵区追手町10-80	054-252-6111
静岡家庭裁判所	420-8604	静岡市葵区城内町1-20	054-273-5454
清水簡易裁判所	424-0809	静岡市清水区天神1-6-15	054-366-0326
静岡家庭裁判所島田出張所 島田簡易裁判所	427-0043	島田市中溝4-11-10	家裁 0547-37-1630 簡裁 0547-37-3357
静岡地方裁判所沼津支部 静岡家庭裁判所沼津支部 沼津簡易裁判所	410-8550	沼津市御幸町21-1	地・家裁 055-931-6000 簡裁 055-931-6022
三島簡易裁判所	411-0033	三島市文教町1-3-1	055-986-0405
静岡家庭裁判所熱海出張所 熱海簡易裁判所	413-8505	熱海市春日町3-14	0557-81-2989
静岡地方裁判所富士支部 静岡家庭裁判所富士支部 富士簡易裁判所	417-8511	富士市中央町2-7-1	地裁 0545-52-0159 家裁 0545-52-0386 簡裁 0545-52-0394
静岡地方裁判所下田支部 静岡家庭裁判所下田支部 下田簡易裁判所	415-8520	下田市4-7-34	0558-22-0161
静岡地方裁判所浜松支部 静岡家庭裁判所浜松支部 浜松簡易裁判所	地裁 430-8520 家裁 430-8620 簡裁 430-8570	浜松市中区中央1-12-5	053-453-7155

裁判所名		所在地	電話番号
静岡地方裁判所掛川支部 静岡家庭裁判所掛川支部 掛川簡易裁判所	436-0028	掛川市亀の甲2-16-1	0537-22-3036
甲府地方裁判所 甲府家庭裁判所 甲府簡易裁判所	400-0032	甲府市中央1-10-7	地裁 055-235-1133 家裁 055-213-2541 簡裁 055-213-2537
鰍沢簡易裁判所	400-0601	南巨摩郡富士川町鰍沢7302	0556-22-0040
甲府地方裁判所都留支部 甲府家庭裁判所都留支部 都留簡易裁判所	402-0052	都留市中央2-1-1	地・簡裁 0554-43-5626 家裁 0554-56-7668
富士吉田簡易裁判所	403-0012	富士吉田市旭1-1-1	0555-22-0573
長野地方裁判所 長野家庭裁判所 長野簡易裁判所	380-0846	長野市旭町1108	026-403-2008
長野家庭裁判所飯山出張所 飯山簡易裁判所	389-2253	飯山市大字飯山1123	0269-62-2125
長野地方裁判所上田支部 長野家庭裁判所上田支部 上田簡易裁判所	386-0023	上田市中央西2-3-3	0268-40-2201
長野地方裁判所佐久支部 長野家庭裁判所佐久支部 佐久簡易裁判所	385-0022	佐久市岩村田1161	0267-67-1538
長野地方裁判所松本支部 長野家庭裁判所松本支部 松本簡易裁判所	390-0873	松本市丸の内10-35	0263-32-3043
長野家庭裁判所木曽福島出張所 木曽福島簡易裁判所	397-0001	木曽郡木曽町福島6205-13	0264-22-2021
長野家庭裁判所大町出張所 大町簡易裁判所	398-0002	大町市大町4222-1	0261-22-0121
長野地方裁判所諏訪支部 長野家庭裁判所諏訪支部 諏訪簡易裁判所	392-0004	諏訪市諏訪1-24-22	0266-52-9211
岡谷簡易裁判所	394-0028	岡谷市本町1-9-12	0266-22-3195
長野地方裁判所飯田支部 長野家庭裁判所飯田支部 飯田簡易裁判所	395-0015	飯田市江戸町1-21	0265-22-0189
長野地方裁判所伊那支部 長野家庭裁判所伊那支部 伊那簡易裁判所	396-0026	伊那市西町4841	0265-72-2770
新潟地方裁判所 新潟簡易裁判所	地裁 951-8511 簡裁 951-8512	新潟市中央区学校町通1-1	025-222-4131
新潟家庭裁判所	951-8513	新潟市中央区川岸町1-54-1	025-266-3171
新津簡易裁判所	956-0031	新潟市秋葉区新津4532-5	0250-22-0487
新潟地方裁判所三条支部 新潟家庭裁判所三条支部 三条簡易裁判所	955-0047	三条市東三条2-2-2	0256-32-1758
新潟地方裁判所新発田支部 新潟家庭裁判所新発田支部 新発田簡易裁判所	957-0053	新発田市中央町4-3-27	0254-24-0121
新潟家庭裁判所村上出張所 村上簡易裁判所	958-0837	村上市三之町8-16	0254-53-2066
新潟地方裁判所佐渡支部 新潟家庭裁判所佐渡支部 佐渡簡易裁判所	952-1324	佐渡市中原356-2	0259-52-3151

裁判所名	所在地		電話番号
新潟地方裁判所長岡支部 新潟家庭裁判所長岡支部 長岡簡易裁判所	940-1151	長岡市三和3-9-28	0258-35-2141
新潟家庭裁判所十日町出張所 十日町簡易裁判所	948-0093	十日町市稲荷町三丁目南3-1	025-752-2086
新潟家庭裁判所柏崎出張所 柏崎簡易裁判所	945-0063	柏崎市諏訪町10-37	0257-22-2090
新潟家庭裁判所南魚沼出張所 南魚沼簡易裁判所	949-6680	南魚沼市六日町1884-子	025-772-2450
新潟地方裁判所高田支部 新潟家庭裁判所高田支部 高田簡易裁判所	943-0838	上越市大手町1-26	025-524-5160
新潟家庭裁判所糸魚川出張所 糸魚川簡易裁判所	941-0058	糸魚川市寺町2-8-23	025-552-0058
大阪地方裁判所	530-8522	大阪市北区西天満2-1-10	06-6363-1281
執行部	532-8503	大阪市淀川区三国本町1-13-27	06-6350-6950
大阪家庭裁判所	540-0008	大阪市中央区大手前4-1-13	06-6943-5321
大阪簡易裁判所	530-8523	大阪市北区西天満2-1-10	06-6363-1281
交通分室	532-0005	大阪市淀川区三国本町1-13-27	06-6350-6970
大阪池田簡易裁判所	563-0041	池田市満寿美町8-7	072-751-2049
豊中簡易裁判所	561-0881	豊中市中桜塚3-11-2	06-6848-4551
吹田簡易裁判所	564-0036	吹田市寿町1-5-5	06-6381-1720
茨木簡易裁判所	567-0888	茨木市駅前4-4-18	072-622-2656
東大阪簡易裁判所	577-8558	東大阪市高井田元町2-8-12	06-6788-5555
枚方簡易裁判所	573-8505	枚方市大垣内町2-9-37	072-845-1261
大阪地方裁判所堺支部 大阪家庭裁判所堺支部 堺簡易裁判所	地・簡裁 590-8511 家裁 590-0078	堺市堺区南瓦町2-28	072-223-7001
富田林簡易裁判所	584-0035	富田林市谷川町2-22	0721-23-2402
羽曳野簡易裁判所	583-0857	羽曳野市誉田3-15-11	072-956-0176
大阪地方裁判所岸和田支部 大阪家庭裁判所岸和田支部 岸和田簡易裁判所	596-0042	岸和田市加守町4-27-2	地・簡裁 072-441-2400 家裁 072-441-6803
佐野簡易裁判所	598-0007	泉佐野市上町1-4-5	072-462-0676
京都地方裁判所 京都簡易裁判所	604-8550	京都市中京区菊屋町	075-211-4111
京都家庭裁判所	606-0801	京都市左京区下鴨宮河町1	075-722-7211
伏見簡易裁判所	612-8034	京都市伏見区桃山町泰長老	075-601-2354
右京簡易裁判所	616-8162	京都市右京区太秦蜂岡町29	075-861-1220
向日町簡易裁判所	617-0004	向日市鶏冠井町西金村5-2	075-931-6043
木津簡易裁判所	619-0214	木津川市木津南垣外110	0774-72-0155

裁判所名	所在地	電話番号
宇治簡易裁判所	611-0021 宇治市宇治琵琶33-3	0774-21-2394
京都地方裁判所園部支部 京都家庭裁判所園部支部 園部簡易裁判所	622-0004 南丹市園部町小桜町30	地・簡裁 0771-62-0237 家裁 0771-62-0840
亀岡簡易裁判所	621-0805 亀岡市安町野々神31-10	0771-22-0409
京都地方裁判所舞鶴支部 京都家庭裁判所舞鶴支部 舞鶴簡易裁判所	624-0853 舞鶴市字南田辺小字南裏町149	地・簡裁 0773-75-2332 家裁 0773-75-0958
京都地方裁判所宮津支部 京都家庭裁判所宮津支部 宮津簡易裁判所	626-0017 宮津市字島崎2043-1	地・簡裁 0772-22-2074 家裁 0772-22-2393
京丹後簡易裁判所	627-0012 京丹後市峰山町杉谷288-2	0772-62-0201
京都地方裁判所福知山支部 京都家庭裁判所福知山支部 福知山簡易裁判所	620-0035 福知山市字内記9	地・簡裁 0773-22-2209 家裁 0773-22-3663
神戸地方裁判所 神戸簡易裁判所	地裁 650-8575 簡裁 650-8565 神戸市中央区橘通2-2-1	078-341-7521
神戸家庭裁判所	652-0032 神戸市兵庫区荒田町3-46-1	078-521-5221
神戸地方裁判所明石支部 神戸家庭裁判所明石支部 明石簡易裁判所	673-0881 明石市天文町2-2-18	地・簡裁 078-912-3231 家裁 078-912-3233
神戸地方裁判所伊丹支部 神戸家庭裁判所伊丹支部 伊丹簡易裁判所	664-8545 伊丹市千僧1-47-1	地・簡裁 072-779-3071 家裁 072-779-3074
神戸地方裁判所柏原支部 神戸家庭裁判所柏原支部 柏原簡易裁判所	669-3309 丹波市柏原町柏原439	0795-72-0155
篠山簡易裁判所	669-2321 丹波篠山市黒岡92	079-552-2222
神戸地方裁判所洲本支部 神戸家庭裁判所洲本支部 洲本簡易裁判所	656-0024 洲本市山手1-1-18	地・簡裁 0799-22-3024 家裁 0799-25-2332
神戸地方裁判所尼崎支部 神戸家庭裁判所尼崎支部 尼崎簡易裁判所	661-0026 尼崎市水堂町3-2-34	06-6438-3781
西宮簡易裁判所	662-0918 西宮市六湛寺町8-9	0798-35-9381
神戸地方裁判所姫路支部 神戸家庭裁判所姫路支部 姫路簡易裁判所	670-0947 姫路市北条1-250	地・簡裁 079-223-2721 家裁 079-281-2011
加古川簡易裁判所	675-0039 加古川市加古川町粟津759	079-422-2650
神戸地方裁判所社支部 神戸家庭裁判所社支部 社簡易裁判所	673-1431 加東市社490-2	0795-42-0123
神戸地方裁判所龍野支部 神戸家庭裁判所龍野支部 龍野簡易裁判所	679-4179 たつの市龍野町上霞城131	0791-63-3920
神戸地方裁判所豊岡支部 神戸家庭裁判所豊岡支部 豊岡簡易裁判所	668-0042 豊岡市京町12-81	地・簡裁 0796-22-2304 家裁 0796-22-2881
神戸家庭裁判所浜坂出張所 浜坂簡易裁判所	669-6701 美方郡新温泉町芦屋6-1	0796-82-1169
奈良地方裁判所 奈良家庭裁判所 奈良簡易裁判所	630-8213 奈良市登大路町35	0742-26-1271

裁判所名		所在地	電話番号
奈良地方裁判所葛城支部 奈良家庭裁判所葛城支部 葛城簡易裁判所	635-8502	大和高田市大字大中101-4	地・簡裁　0745-53-1012 家裁　0745-53-1774
宇陀簡易裁判所	633-2170	宇陀市大宇陀下茶2126	0745-83-0127
奈良地方裁判所五條支部 奈良家庭裁判所五條支部 五條簡易裁判所	637-0043	五條市新町3-3-1	0747-23-0261
奈良家庭裁判所吉野出張所 吉野簡易裁判所	638-0821	吉野郡大淀町大字下渕350-1	0747-52-2490
大津地方裁判所 大津家庭裁判所 大津簡易裁判所	520-0044	大津市京町3-1-2	077-503-8104
甲賀簡易裁判所	528-0005	甲賀市水口町水口5675-1	0748-62-0132
大津家庭裁判所高島出張所 高島簡易裁判所	520-1623	高島市今津町住吉1-3-8	0740-22-2148
大津地方裁判所彦根支部 大津家庭裁判所彦根支部 彦根簡易裁判所	522-0061	彦根市金亀町5-50	0749-22-0167
東近江簡易裁判所	527-0023	東近江市八日市緑町8-16	0748-22-0397
大津地方裁判所長浜支部 大津家庭裁判所長浜支部 長浜簡易裁判所	526-0058	長浜市南呉服町6-22	0749-62-0240
和歌山地方裁判所 和歌山家庭裁判所 和歌山簡易裁判所	640-8143	和歌山市二番丁1	073-422-4191
湯浅簡易裁判所	643-0004	有田郡湯浅町湯浅1794-31	0737-62-2473
和歌山家庭裁判所妙寺出張所 妙寺簡易裁判所	649-7113	伊都郡かつらぎ町妙寺111	0736-22-0033
橋本簡易裁判所	648-0072	橋本市東家5-2-4	0736-32-0314
和歌山地方裁判所御坊支部 和歌山家庭裁判所御坊支部 御坊簡易裁判所	644-0011	御坊市湯川町財部515-2	0738-22-0006
和歌山地方裁判所田辺支部 和歌山家庭裁判所田辺支部 田辺簡易裁判所	646-0033	田辺市新屋敷町5	0739-22-2801
串本簡易裁判所	649-3503	東牟婁郡串本町串本1531-1	0735-62-0212
和歌山地方裁判所新宮支部 和歌山家庭裁判所新宮支部 新宮簡易裁判所	647-0015	新宮市千穂3-7-13	0735-22-2007
名古屋地方裁判所	460-8504	名古屋市中区三の丸1-4-1	052-203-1611
執行部	460-8509	名古屋市中区三の丸1-7-4	052-205-1231
名古屋家庭裁判所	460-0001	名古屋市中区三の丸1-7-1	052-223-3411
名古屋簡易裁判所	460-8505	名古屋市中区三の丸1-7-1	052-203-8998
交通部	460-8509	名古屋市中区三の丸1-7-4	052-205-1254
調停部	460-0001	名古屋市中区三の丸1-7-5	052-203-3421
春日井簡易裁判所	486-0915	春日井市八幡町1-1	0568-31-2262
瀬戸簡易裁判所	489-0805	瀬戸市陶原町5-73	0561-82-4815
津島簡易裁判所	496-0047	津島市西柳原町3-11	0567-26-2746

裁判所名		所在地	電話番号
名古屋地方裁判所半田支部 名古屋家庭裁判所半田支部 半田簡易裁判所	475-0902	半田市宮路町200-2	0569-21-1610
名古屋地方裁判所一宮支部 名古屋家庭裁判所一宮支部 一宮簡易裁判所	491-0842	一宮市公園通4-17	地・簡裁 0586-73-3101 家裁 0586-73-3191
犬山簡易裁判所	484-0086	犬山市松本町2-12	0568-61-0390
名古屋地方裁判所岡崎支部 名古屋家庭裁判所岡崎支部 岡崎簡易裁判所	地・簡裁 444-8554 家裁 444-8550	岡崎市明大寺町奈良井3	地・簡裁 0564-51-4522 家裁 0564-51-8972
安城簡易裁判所	446-8526	安城市横山町毛賀知24-2	0566-76-3461
豊田簡易裁判所	471-0869	豊田市十塚町1-25-1	0565-32-0329
名古屋地方裁判所豊橋支部 名古屋家庭裁判所豊橋支部 豊橋簡易裁判所	440-0884	豊橋市大国町110	地・簡裁 0532-52-3142 家裁 0532-52-3212
新城簡易裁判所	441-1387	新城市北畑40-2	0536-22-0059
津地方裁判所 津家庭裁判所 津簡易裁判所	514-8526	津市中央3-1	地裁 059-226-4172 家裁 059-226-4171 簡裁 059-226-4614
鈴鹿簡易裁判所	513-0801	鈴鹿市神戸3-25-3	059-382-0471
津地方裁判所松阪支部 津家庭裁判所松阪支部 松阪簡易裁判所	515-8525	松阪市中央町36-1	0598-51-0542
津地方裁判所伊賀支部 津家庭裁判所伊賀支部 伊賀簡易裁判所	518-0873	伊賀市上野丸之内130-1	0595-21-0002
津地方裁判所伊勢支部 津家庭裁判所伊勢支部 伊勢簡易裁判所	516-8533	伊勢市岡本1-2-6	0596-28-9185
津地方裁判所熊野支部 津家庭裁判所熊野支部 熊野簡易裁判所	519-4396	熊野市井戸町784	0597-85-2145
津家庭裁判所尾鷲出張所 尾鷲簡易裁判所	519-3615	尾鷲市中央町6-23	0597-22-0448
津地方裁判所四日市支部 津家庭裁判所四日市支部 四日市簡易裁判所	510-8526	四日市市三栄町1-22	地裁 059-352-7151 家裁 059-352-7185 簡裁 059-352-7197
桑名簡易裁判所	511-0032	桑名市吉之丸12	0594-22-0890
岐阜地方裁判所 岐阜家庭裁判所 岐阜簡易裁判所	500-8710	岐阜市美江寺町2-4-1	058-262-5121
岐阜家庭裁判所郡上出張所 郡上簡易裁判所	501-4213	郡上市八幡町殿町63-2	0575-65-2265
岐阜地方裁判所多治見支部 岐阜家庭裁判所多治見支部 多治見簡易裁判所	507-0023	多治見市小田町1-22-1	0572-22-0698
岐阜家庭裁判所中津川出張所 中津川簡易裁判所	508-0045	中津川市かやの木町4-2	0573-66-1530
岐阜地方裁判所御嵩支部 岐阜家庭裁判所御嵩支部 御嵩簡易裁判所	505-0116	可児郡御嵩町御嵩1177	0574-67-3111
岐阜地方裁判所大垣支部 岐阜家庭裁判所大垣支部 大垣簡易裁判所	503-0888	大垣市丸の内1-22	0584-78-6184

裁判所名		所在地	電話番号
岐阜地方裁判所高山支部 岐阜家庭裁判所高山支部 高山簡易裁判所	506-0009	高山市花岡町2-63-3	0577-32-1140
福井地方裁判所 福井家庭裁判所 福井簡易裁判所	910-8524	福井市春山1-1-1	0776-91-5053
大野簡易裁判所	912-8524	大野市弥生町1-11	0779-66-2120
福井地方裁判所武生支部 福井家庭裁判所武生支部 武生簡易裁判所	915-8524	越前市日野美2-6	0778-23-0050
福井地方裁判所敦賀支部 福井家庭裁判所敦賀支部 敦賀簡易裁判所	914-8524	敦賀市松栄町6-10	0770-22-0812
福井家庭裁判所小浜出張所 小浜簡易裁判所	917-8524	小浜市城内1-1-2	0770-52-0003
金沢地方裁判所 金沢家庭裁判所 金沢簡易裁判所	920-8655	金沢市丸の内7-1	地・簡裁　076-262-3221 家裁　076-221-3111
金沢地方裁判所小松支部 金沢家庭裁判所小松支部 小松簡易裁判所	923-8541	小松市小馬出町11	0761-22-8541
金沢地方裁判所七尾支部 金沢家庭裁判所七尾支部 七尾簡易裁判所	926-8541	七尾市馬出町ハ部1-2	0767-52-3135
金沢地方裁判所輪島支部 金沢家庭裁判所輪島支部 輪島簡易裁判所	928-8541	輪島市河井町15部49-2	0768-22-0054
金沢家庭裁判所珠洲出張所 珠洲簡易裁判所	927-1297	珠洲市上戸町北方い46-3	0768-82-0218
富山地方裁判所 富山家庭裁判所 富山簡易裁判所	939-8502	富山市西田地方町2-9-1	076-421-6324
富山地方裁判所魚津支部 富山家庭裁判所魚津支部 魚津簡易裁判所	937-0866	魚津市本町1-10-60	0765-22-0160
富山地方裁判所高岡支部 富山家庭裁判所高岡支部 高岡簡易裁判所	933-8546	高岡市中川本町10-6	0766-22-5151
富山家庭裁判所砺波出張所 砺波簡易裁判所	939-1367	砺波市広上町8-24	0763-32-2118
広島地方裁判所 広島簡易裁判所	730-0012	広島市中区上八丁堀2-43	082-228-0421
広島家庭裁判所	730-0012	広島市中区上八丁堀1-6	082-228-0494
東広島簡易裁判所	739-0012	東広島市西条朝日町5-23	082-422-2279
可部簡易裁判所	731-0221	広島市安佐北区可部4-12-24	082-812-2205
大竹簡易裁判所	739-0614	大竹市白石1-7-6	0827-52-2309
広島地方裁判所三次支部 広島家庭裁判所三次支部 三次簡易裁判所	728-0021	三次市三次町1725-1	地・簡裁　0824-63-5141 家裁　0824-63-5169
庄原簡易裁判所	727-0013	庄原市西本町1-19-8	0824-72-0217
広島地方裁判所呉支部 広島家庭裁判所呉支部 呉簡易裁判所	737-0811	呉市西中央4-1-46	地・簡裁　0823-21-4991 家裁　0823-21-4992
竹原簡易裁判所	725-0021	竹原市竹原町3553	0846-22-2059

裁判所名		所在地	電話番号
広島地方裁判所福山支部 広島家庭裁判所福山支部 福山簡易裁判所	720-0031	福山市三吉町1-7-1	地・簡裁　084-923-2890 家裁　084-923-2806
府中簡易裁判所	726-0002	府中市鵜飼町542-13	0847-45-3268
広島地方裁判所尾道支部 広島家庭裁判所尾道支部 尾道簡易裁判所	722-0014	尾道市新浜1-12-4	地・簡裁　0848-22-5285 家裁　0848-22-5286
山口地方裁判所 山口家庭裁判所 山口簡易裁判所	753-0048	山口市駅通り1-6-1	083-922-1330
防府簡易裁判所	747-0809	防府市寿町6-40	0835-22-0969
山口地方裁判所宇部支部 山口家庭裁判所宇部支部 宇部簡易裁判所	755-0033	宇部市琴芝町2-2-35	0836-21-3197
山口家庭裁判所船木出張所 船木簡易裁判所	757-0216	宇部市大字船木183	0836-67-0036
山口地方裁判所周南支部 山口家庭裁判所周南支部 周南簡易裁判所	745-0071	周南市岐山通2-5	地・簡裁　0834-21-2610 家裁　0834-21-2698
山口地方裁判所萩支部 山口家庭裁判所萩支部 萩簡易裁判所	758-0041	萩市大字江向469	0838-22-0047
長門簡易裁判所	759-4101	長門市東深川1342-2	0837-22-2708
山口地方裁判所岩国支部 山口家庭裁判所岩国支部 岩国簡易裁判所	741-0061	岩国市錦見1-16-45	地・簡裁　0827-41-0161 家裁　0827-41-3181
山口家庭裁判所柳井出張所 柳井簡易裁判所	742-0002	柳井市山根10-20	0820-22-0270
山口地方裁判所下関支部 山口家庭裁判所下関支部 下関簡易裁判所	750-0009	下関市上田中町8-2-2	地・簡裁　083-222-4076 家裁　083-222-2899
岡山地方裁判所 岡山家庭裁判所 岡山簡易裁判所	700-0807	岡山市北区南方1-8-42	086-222-6771
高梁簡易裁判所	716-0013	高梁市片原町1	0866-22-2051
岡山家庭裁判所玉野出張所 玉野簡易裁判所	706-0011	玉野市宇野2-2-1	0863-21-2908
岡山家庭裁判所児島出張所 児島簡易裁判所	711-0911	倉敷市児島小川1-4-14	086-473-1400
岡山地方裁判所倉敷支部 岡山家庭裁判所倉敷支部 倉敷簡易裁判所	710-8558	倉敷市幸町3-33	地・簡裁　086-422-1038 家裁　086-422-1393
岡山家庭裁判所玉島出張所 玉島簡易裁判所	713-8102	倉敷市玉島1-2-43	086-522-3074
岡山家庭裁判所笠岡出張所 笠岡簡易裁判所	714-0081	笠岡市笠岡1732	0865-62-2234
岡山地方裁判所新見支部 岡山家庭裁判所新見支部 新見簡易裁判所	718-0011	新見市新見1222	0867-72-0042
岡山地方裁判所津山支部 岡山家庭裁判所津山支部 津山簡易裁判所	708-0051	津山市椿高下52	0868-22-9326

裁判所名	所在地		電話番号
勝山簡易裁判所	717-0013	真庭市勝山628	0867-44-2040
鳥取地方裁判所 鳥取家庭裁判所 鳥取簡易裁判所	680-0011	鳥取市東町2-223	0857-22-2171
鳥取地方裁判所倉吉支部 鳥取家庭裁判所倉吉支部 倉吉簡易裁判所	682-0824	倉吉市仲ノ町734	0858-22-2911
鳥取地方裁判所米子支部 鳥取家庭裁判所米子支部 米子簡易裁判所	683-0826	米子市西町62	地裁 0859-22-2205 家裁 0859-22-2408 簡裁 0859-22-2206
松江地方裁判所 松江家庭裁判所 松江簡易裁判所	690-8523	松江市母衣町68	0852-23-1701
松江家庭裁判所雲南出張所 雲南簡易裁判所	699-1332	雲南市木次町木次980	0854-42-0275
松江地方裁判所出雲支部 松江家庭裁判所出雲支部 出雲簡易裁判所	693-8523	出雲市今市町797-2	0853-21-2114
松江地方裁判所浜田支部 松江家庭裁判所浜田支部 浜田簡易裁判所	697-0027	浜田市殿町980	0855-22-0678
松江家庭裁判所川本出張所 川本簡易裁判所	696-0001	邑智郡川本町大字川本340	0855-72-0045
松江地方裁判所益田支部 松江家庭裁判所益田支部 益田簡易裁判所	698-0021	益田市幸町6-60	0856-22-0365
松江地方裁判所西郷支部 松江家庭裁判所西郷支部 西郷簡易裁判所	685-0015	隠岐郡隠岐の島町港町指向5-1	08512-2-0005
福岡地方裁判所	810-8653	福岡市中央区六本松4-2-4	092-781-3141
福岡家庭裁判所	810-8652	福岡市中央区六本松4-2-4	092-711-9651
福岡簡易裁判所	810-8654	福岡市中央区六本松4-2-4	092-781-3141
宗像簡易裁判所	811-3431	宗像市田熊2-3-34	0940-36-2024
福岡家庭裁判所甘木出張所 甘木簡易裁判所	838-0061	朝倉市菩提寺571	0946-22-2113
福岡地方裁判所飯塚支部 福岡家庭裁判所飯塚支部 飯塚簡易裁判所	820-8506	飯塚市新立岩10-29	0948-22-1150
福岡地方裁判所直方支部 福岡家庭裁判所直方支部 直方簡易裁判所	822-0014	直方市丸山町1-4	0949-22-0522
福岡地方裁判所田川支部 福岡家庭裁判所田川支部 田川簡易裁判所	826-8567	田川市千代町1-5	0947-42-0163
福岡地方裁判所久留米支部 福岡家庭裁判所久留米支部 久留米簡易裁判所	地・簡裁 830-8530 家裁 830-8512	久留米市篠山町21	地・簡裁 0942-32-5387 家裁 0942-39-6943
うきは簡易裁判所	839-1321	うきは市吉井町343-6	0943-75-3271
福岡地方裁判所八女支部 福岡家庭裁判所八女支部 八女簡易裁判所	834-0031	八女市本町537-4	0943-23-4036

裁判所名		所 在 地	電 話 番 号
福岡地方裁判所柳川支部 福岡家庭裁判所柳川支部 柳川簡易裁判所	832-0045	柳川市本町4	0944-72-3121
福岡地方裁判所大牟田支部 福岡家庭裁判所大牟田支部 大牟田簡易裁判所	836-0052	大牟田市白金町101	地・簡裁 0944-53-3503 家裁 0944-53-3504
福岡地方裁判所小倉支部 福岡家庭裁判所小倉支部 小倉簡易裁判所	地・簡裁 803-8531 家裁 803-8532	北九州市小倉北区金田1-4-1	093-561-3431
折尾簡易裁判所	807-0825	北九州市八幡西区折尾4-29-6	093-691-0229
福岡地方裁判所行橋支部 福岡家庭裁判所行橋支部 行橋簡易裁判所	824-0001	行橋市行事1-8-23	0930-22-0035
佐賀地方裁判所 佐賀家庭裁判所 佐賀簡易裁判所	840-0833	佐賀市中の小路3-22	0952-23-3161
鳥栖簡易裁判所	841-0036	鳥栖市秋葉町3-28-1	0942-82-2212
佐賀地方裁判所武雄支部 佐賀家庭裁判所武雄支部 武雄簡易裁判所	843-0022	武雄市武雄町大字武雄5660	0954-22-2159
佐賀家庭裁判所鹿島出張所 鹿島簡易裁判所	849-1311	鹿島市大字高津原3575	0954-62-2870
伊万里簡易裁判所	848-0027	伊万里市立花町4107	0955-23-3340
佐賀地方裁判所唐津支部 佐賀家庭裁判所唐津支部 唐津簡易裁判所	847-0012	唐津市大名小路1-1	0955-72-2138
長崎地方裁判所	850-8503	長崎市万才町9-26	095-822-6151
長崎家庭裁判所 長崎簡易裁判所	850-0033	長崎市万才町6-25	
長崎地方裁判所大村支部 長崎家庭裁判所大村支部 大村簡易裁判所	856-0831	大村市東本町287	0957-52-3501
長崎家庭裁判所諫早出張所 諫早簡易裁判所	854-0071	諫早市永昌東町24-12	0957-22-0421
長崎地方裁判所島原支部 長崎家庭裁判所島原支部 島原簡易裁判所	855-0036	島原市城内1-1195-1	0957-62-3151
長崎地方裁判所五島支部 長崎家庭裁判所五島支部 五島簡易裁判所	853-0001	五島市栄町1-7	0959-72-3315
長崎家庭裁判所新上五島出張所 新上五島簡易裁判所	857-4211	南松浦郡新上五島町有川郷 2276-5	0959-42-0044
長崎地方裁判所厳原支部 長崎家庭裁判所厳原支部 厳原簡易裁判所	817-0013	対馬市厳原町中村642-1	0920-52-0067
長崎家庭裁判所上県出張所 上県簡易裁判所	817-1602	対馬市上県町佐須奈甲639-22	0920-84-2037
長崎地方裁判所佐世保支部 長崎家庭裁判所佐世保支部 佐世保簡易裁判所	857-0805	佐世保市光月町9-4	地・簡裁 0956-22-9175 家裁 0956-22-9176
長崎地方裁判所平戸支部 長崎家庭裁判所平戸支部 平戸簡易裁判所	859-5153	平戸市戸石川町460	0950-22-2004

裁判所名		所在地	電話番号
長崎地方裁判所壱岐支部 長崎家庭裁判所壱岐支部 壱岐簡易裁判所	811-5133	壱岐市郷ノ浦町本村触624-1	0920-47-1019
大分地方裁判所 大分家庭裁判所 大分簡易裁判所	870-8564	大分市荷揚町7-15	097-532-7161
別府簡易裁判所	874-0908	別府市上田の湯町4-8	0977-22-0519
臼杵簡易裁判所	875-0041	臼杵市大字臼杵101-2	0972-62-2874
大分地方裁判所杵築支部 大分家庭裁判所杵築支部 杵築簡易裁判所	873-0001	杵築市大字杵築1180	0978-62-2052
大分地方裁判所佐伯支部 大分家庭裁判所佐伯支部 佐伯簡易裁判所	876-0815	佐伯市野岡町2-13-2	0972-22-0168
大分地方裁判所竹田支部 大分家庭裁判所竹田支部 竹田簡易裁判所	878-0013	竹田市大字竹田2065-1	0974-63-2040
大分地方裁判所中津支部 大分家庭裁判所中津支部 中津簡易裁判所	871-0050	中津市二ノ丁1260	0979-22-2115
大分家庭裁判所豊後高田出張所 豊後高田簡易裁判所	879-0606	豊後高田市玉津894	0978-22-2061
大分地方裁判所日田支部 大分家庭裁判所日田支部 日田簡易裁判所	877-0012	日田市淡窓1-1-53	0973-23-3145
熊本地方裁判所 熊本簡易裁判所	地裁 860-8513 簡裁 860-8531	熊本市中央区京町1-13-11	096-325-2121
熊本家庭裁判所	860-0001	熊本市中央区千葉城町3-31	096-355-6121
宇城簡易裁判所	869-3205	宇城市三角町波多438-18	0964-52-2149
熊本家庭裁判所御船出張所 御船簡易裁判所	861-3206	上益城郡御船町辺田見1250-1	096-282-0055
熊本地方裁判所阿蘇支部 熊本家庭裁判所阿蘇支部 阿蘇簡易裁判所	869-2612	阿蘇市一の宮町宮地2476-1	0967-22-0063
熊本家庭裁判所高森出張所 高森簡易裁判所	869-1602	阿蘇郡高森町高森1385-6	0967-62-0069
熊本地方裁判所玉名支部 熊本家庭裁判所玉名支部 玉名簡易裁判所	865-0051	玉名市繁根木54-8	0968-72-3037
荒尾簡易裁判所	864-0041	荒尾市荒尾1588	0968-63-0164
熊本地方裁判所山鹿支部 熊本家庭裁判所山鹿支部 山鹿簡易裁判所	861-0501	山鹿市山鹿280	0968-44-5141
熊本地方裁判所八代支部 熊本家庭裁判所八代支部 八代簡易裁判所	866-8585	八代市西松江城町1-41	0965-32-2175
熊本家庭裁判所水俣出張所 水俣簡易裁判所	867-0041	水俣市天神町1-1-1	0966-62-2307
熊本地方裁判所人吉支部 熊本家庭裁判所人吉支部 人吉簡易裁判所	868-0056	人吉市寺町1	0966-23-4855
熊本地方裁判所天草支部 熊本家庭裁判所天草支部 天草簡易裁判所	863-8585	天草市諏訪町16-24	0969-23-2004

裁判所名	所在地		電話番号
熊本家庭裁判所牛深出張所 牛深簡易裁判所	863-1901	天草市牛深町2061-17	0969-72-2540
鹿児島地方裁判所 鹿児島家庭裁判所 鹿児島簡易裁判所	892-8501	鹿児島市山下町13-47	099-222-7121
伊集院簡易裁判所	899-2501	日置市伊集院町下谷口1543	099-272-2538
鹿児島家庭裁判所種子島出張所 種子島簡易裁判所	891-3101	西之表市西之表16275番12	0997-22-0159
鹿児島家庭裁判所屋久島出張所 屋久島簡易裁判所	891-4205	熊毛郡屋久島町宮之浦2445-18	0997-42-0014
鹿児島地方裁判所知覧支部 鹿児島家庭裁判所知覧支部 知覧簡易裁判所	897-0302	南九州市知覧町郡6196-1	0993-83-2229
加世田簡易裁判所	897-0000	南さつま市加世田地頭所町1-3	0993-52-2347
鹿児島家庭裁判所指宿出張所 指宿簡易裁判所	891-0402	指宿市十町244	0993-22-2902
鹿児島地方裁判所加治木支部 鹿児島家庭裁判所加治木支部 加治木簡易裁判所	899-5214	姶良市加治木町仮屋町95	0995-62-2666
鹿児島家庭裁判所大口出張所 大口簡易裁判所	895-2511	伊佐市大口里2235	0995-22-0247
鹿児島地方裁判所川内支部 鹿児島家庭裁判所川内支部 川内簡易裁判所	895-0064	薩摩川内市花木町2-20	0996-22-2154
出水簡易裁判所	899-0201	出水市緑町25-6	0996-62-0178
甑島簡易裁判所	896-1201	薩摩川内市上甑町中甑480-1	09969-2-0054
鹿児島地方裁判所鹿屋支部 鹿児島家庭裁判所鹿屋支部 鹿屋簡易裁判所	893-0011	鹿屋市打馬1-2-14	0994-43-2330
大隅簡易裁判所	899-8102	曽於市大隅町岩川6659-9	099-482-0006
鹿児島地方裁判所名瀬支部 鹿児島家庭裁判所名瀬支部 名瀬簡易裁判所	894-0033	奄美市名瀬矢之脇町1-1	0997-52-5141
鹿児島家庭裁判所徳之島出張所 徳之島簡易裁判所	891-7101	大島郡徳之島町亀津554-2	0997-83-0019
宮崎地方裁判所 宮崎家庭裁判所 宮崎簡易裁判所	880-8543	宮崎市旭2-3-13	0985-23-2261
西都簡易裁判所	881-0003	西都市大字右松2519-1	0983-43-0344
宮崎地方裁判所日南支部 宮崎家庭裁判所日南支部 日南簡易裁判所	889-2535	日南市飫肥3-6-1	0987-25-1188
宮崎地方裁判所都城支部 宮崎家庭裁判所都城支部 都城簡易裁判所	885-0075	都城市八幡町2-3	0986-23-4131
小林簡易裁判所	886-0007	小林市真方112	0984-23-2309
宮崎地方裁判所延岡支部 宮崎家庭裁判所延岡支部 延岡簡易裁判所	882-8585	延岡市東本小路121	0982-32-3291
宮崎家庭裁判所日向出張所 日向簡易裁判所	883-0036	日向市南町8-7	0982-52-2211

裁判所名		所在地	電話番号
宮崎家庭裁判所高千穂出張所 高千穂簡易裁判所	882-1101	西臼杵郡高千穂町大字三田井118	0982-72-2017
那覇地方裁判所 那覇簡易裁判所	900-8567	那覇市樋川1-14-1	098-855-3366
那覇家庭裁判所	900-8603	那覇市樋川1-14-10	098-855-1000
那覇地方裁判所名護支部 那覇家庭裁判所名護支部 名護簡易裁判所	905-0011	名護市字宮里451-3	地・簡裁 0980-52-2642 家裁 0980-52-2742
那覇地方裁判所沖縄支部 那覇家庭裁判所沖縄支部 沖縄簡易裁判所	904-2194	沖縄市知花6-7-7	地・簡裁 098-939-0011 家裁 098-939-0017
那覇地方裁判所平良支部 那覇家庭裁判所平良支部 平良簡易裁判所	906-0012	宮古島市平良字西里345	地裁 0980-72-2012 家裁 0980-72-3428 簡裁 0980-72-3502
那覇地方裁判所石垣支部 那覇家庭裁判所石垣支部 石垣簡易裁判所	907-0004	石垣市字登野城55	地裁 0980-82-3076 家裁 0980-82-3812 簡裁 0980-82-3369
仙台地方裁判所 仙台家庭裁判所 仙台簡易裁判所	地裁 980-8639 家裁 980-8637 簡裁 980-8636	仙台市青葉区片平1-6-1	地・簡裁 022-222-6111 家裁 022-222-4165
仙台地方裁判所大河原支部 仙台家庭裁判所大河原支部 大河原簡易裁判所	989-1231	柴田郡大河原町字中川原9	地・簡裁 0224-52-2101 家裁 0224-52-2102
仙台地方裁判所古川支部 仙台家庭裁判所古川支部 古川簡易裁判所	989-6161	大崎市古川駅南2-9-46	地・簡裁 0229-22-1601 家裁 0229-22-1694
築館簡易裁判所	987-2252	栗原市築館薬師3-4-14	0228-22-3154
仙台地方裁判所登米支部 仙台家庭裁判所登米支部 登米簡易裁判所	987-0702	登米市登米町寺池桜小路105-3	0220-52-2011
仙台地方裁判所石巻支部 仙台家庭裁判所石巻支部 石巻簡易裁判所	986-0832	石巻市泉町4-4-28	地・簡裁 0225-22-0361 家裁 0225-22-0363
仙台地方裁判所気仙沼支部 仙台家庭裁判所気仙沼支部 気仙沼簡易裁判所	988-0022	気仙沼市河原田1-2-30	地・簡裁 0226-22-6659 家裁 0226-22-6626
福島地方裁判所 福島家庭裁判所 福島簡易裁判所	960-8512	福島市花園町5-38	024-534-2156
福島地方裁判所相馬支部 福島家庭裁判所相馬支部 相馬簡易裁判所	976-0042	相馬市中村字大手先48-1	0244-36-5141
福島地方裁判所郡山支部 福島家庭裁判所郡山支部 郡山簡易裁判所	963-8566	郡山市麓山1-2-26	地裁 024-932-5656 家裁 024-932-5855 簡裁 024-932-5681
福島地方裁判所白河支部 福島家庭裁判所白河支部 白河簡易裁判所	961-0074	白河市郭内146	地・簡裁 0248-22-5555 家裁 0248-22-5591
福島家庭裁判所棚倉出張所 棚倉簡易裁判所	963-6131	東白川郡棚倉町大字棚倉字南町78-1	0247-33-3458
福島地方裁判所会津若松支部 福島家庭裁判所会津若松支部 会津若松簡易裁判所	965-8540	会津若松市追手町6-6	地裁 0242-26-5725 家裁 0242-26-5831 簡裁 0242-26-5734

裁判所名		所在地	電話番号
福島家庭裁判所田島出張所 田島簡易裁判所	967-0004	南会津郡南会津町田島字後原甲 3483-3	0241-62-0211
福島地方裁判所いわき支部 福島家庭裁判所いわき支部 いわき簡易裁判所	970-8026	いわき市平字八幡小路41	地裁 0246-22-1321 家裁 0246-22-1376 簡裁 0246-22-1348
福島富岡簡易裁判所	979-1111	双葉郡富岡町大字小浜字大膳町113	（事務移転中） 刑事　いわき簡易裁判所 0246-22-1338 民事他　郡山簡易裁判所 024-932-5697
山形地方裁判所 山形家庭裁判所 山形簡易裁判所	990-8531	山形市旅篭町2-4-22	023-623-9511
山形地方裁判所新庄支部 山形家庭裁判所新庄支部 新庄簡易裁判所	996-0022	新庄市住吉町4-27	0233-22-0265
山形地方裁判所米沢支部 山形家庭裁判所米沢支部 米沢簡易裁判所	992-0045	米沢市中央4-9-15	0238-22-2165
山形家庭裁判所赤湯出張所 赤湯簡易裁判所	999-2211	南陽市赤湯316	0238-43-2217
山形家庭裁判所長井出張所 長井簡易裁判所	993-0015	長井市四ツ谷1-7-20	0238-88-2073
山形地方裁判所鶴岡支部 山形家庭裁判所鶴岡支部 鶴岡簡易裁判所	997-0035	鶴岡市馬場町5-23	0235-23-6666
山形地方裁判所酒田支部 山形家庭裁判所酒田支部 酒田簡易裁判所	998-0037	酒田市日吉町1-5-27	0234-23-1234
盛岡地方裁判所 盛岡家庭裁判所 盛岡簡易裁判所	020-8520	盛岡市内丸9-1	019-622-3165
盛岡地方裁判所花巻支部 盛岡家庭裁判所花巻支部 花巻簡易裁判所	025-0075	花巻市花城町8-26	0198-23-5276
盛岡地方裁判所二戸支部 盛岡家庭裁判所二戸支部 二戸簡易裁判所	028-6101	二戸市福岡字城ノ内4-2	0195-23-2591
盛岡家庭裁判所久慈出張所 久慈簡易裁判所	028-0022	久慈市田屋町2-50-5	0194-53-4158
盛岡地方裁判所遠野支部 盛岡家庭裁判所遠野支部 遠野簡易裁判所	028-0515	遠野市東舘町2-3	0198-62-2840
釜石簡易裁判所	026-0022	釜石市大只越町1-7-5	0193-22-1824
盛岡地方裁判所宮古支部 盛岡家庭裁判所宮古支部 宮古簡易裁判所	027-0052	宮古市宮町1-3-30	0193-62-2925
盛岡地方裁判所一関支部 盛岡家庭裁判所一関支部 一関簡易裁判所	021-0877	一関市城内3-6	0191-23-4148
盛岡家庭裁判所大船渡出張所 大船渡簡易裁判所	022-0003	大船渡市盛町字宇津野沢9-3	0192-26-3630
盛岡地方裁判所水沢支部 盛岡家庭裁判所水沢支部 水沢簡易裁判所	023-0053	奥州市水沢大手町4-19	0197-24-7181
秋田地方裁判所 秋田家庭裁判所 秋田簡易裁判所	010-8504	秋田市山王7-1-1	018-824-3121
男鹿簡易裁判所	010-0511	男鹿市船川港船川字化世沢21	0185-23-2923

裁判所名	所在地		電話番号
秋田地方裁判所本荘支部 秋田家庭裁判所本荘支部 本荘簡易裁判所	015-0872	由利本荘市瓦谷地21	0184-22-3916
秋田地方裁判所能代支部 秋田家庭裁判所能代支部 能代簡易裁判所	016-0817	能代市上町1-15	0185-52-3278
秋田地方裁判所大館支部 秋田家庭裁判所大館支部 大館簡易裁判所	017-0891	大館市字中城15	地・簡裁 0186-42-0071 家裁 0186-42-1574
秋田家庭裁判所鹿角出張所 鹿角簡易裁判所	018-5201	鹿角市花輪字下中島1-1	0186-23-2262
秋田地方裁判所大曲支部 秋田家庭裁判所大曲支部 大曲簡易裁判所	014-0063	大仙市大曲日の出町1-20-4	地・簡裁 0187-63-2033 家裁 0187-63-2373
秋田家庭裁判所角館出張所 角館簡易裁判所	014-0372	仙北市角館町小館77-4	0187-53-2305
秋田地方裁判所横手支部 秋田家庭裁判所横手支部 横手簡易裁判所	013-0013	横手市城南町2-1	地・簡裁 0182-32-4130 家裁 0182-32-4206
湯沢簡易裁判所	012-0844	湯沢市田町2-6-41	0183-73-2828
青森地方裁判所 青森家庭裁判所 青森簡易裁判所	地裁 030-8522 家裁 030-8523 簡裁 030-8524	青森市長島1-3-26	017-722-5351
青森家庭裁判所むつ出張所 むつ簡易裁判所	035-0073	むつ市中央1-1-5	0175-22-2712
青森家庭裁判所野辺地出張所 野辺地簡易裁判所	039-3131	上北郡野辺地町字野辺地419	0175-64-3279
青森地方裁判所弘前支部 青森家庭裁判所弘前支部 弘前簡易裁判所	036-8356	弘前市大字下白銀町7	0172-32-4321
青森地方裁判所五所川原支部 青森家庭裁判所五所川原支部 五所川原簡易裁判所	037-0044	五所川原市字元町54	0173-34-2927
鰺ヶ沢簡易裁判所	038-2754	西津軽郡鰺ヶ沢町大字米町38	0173-72-2012
青森地方裁判所八戸支部 青森家庭裁判所八戸支部 八戸簡易裁判所	039-1166	八戸市根城9-13-6	0178-22-3104
青森地方裁判所十和田支部 青森家庭裁判所十和田支部 十和田簡易裁判所	034-0082	十和田市西二番町14-8	0176-23-2368
札幌地方裁判所	060-0042	札幌市中央区大通西11	011-350-4802
札幌家庭裁判所 札幌簡易裁判所	060-0042	札幌市中央区大通西12	家裁 011-350-4659 簡裁 011-330-2366
札幌地方裁判所浦河支部 札幌家庭裁判所浦河支部 浦河簡易裁判所	057-0012	浦河郡浦河町常盤町19	0146-22-4165
札幌家庭裁判所静内出張所 静内簡易裁判所	056-0005	日高郡新ひだか町静内こうせい町 2-1-10	0146-42-0120
札幌地方裁判所苫小牧支部 札幌家庭裁判所苫小牧支部 苫小牧簡易裁判所	053-0018	苫小牧市旭町2-7-12	0144-32-3295
札幌地方裁判所室蘭支部 札幌家庭裁判所室蘭支部 室蘭簡易裁判所	050-0081	室蘭市日の出町1-18-29	0143-44-6733

裁判所名		所 在 地	電 話 番 号
伊達簡易裁判所	052-0021	伊達市末永町47-10	0142-23-3236
札幌地方裁判所岩見沢支部 札幌家庭裁判所岩見沢支部 岩見沢簡易裁判所	068-0004	岩見沢市4条東4	0126-22-6650
札幌家庭裁判所夕張出張所 夕張簡易裁判所	068-0411	夕張市末広1-92-16	0123-52-2004
札幌地方裁判所滝川支部 札幌家庭裁判所滝川支部 滝川簡易裁判所	073-0022	滝川市大町1-6-13	0125-23-2311
札幌地方裁判所小樽支部 札幌家庭裁判所小樽支部 小樽簡易裁判所	047-0024	小樽市花園5-1-1	0134-22-9157
札幌地方裁判所岩内支部 札幌家庭裁判所岩内支部 岩内簡易裁判所	045-0013	岩内郡岩内町字高台192-1	0135-62-0138
函館地方裁判所 函館家庭裁判所 函館簡易裁判所	地裁 040-8601 家裁 040-8602 簡裁 040-8603	函館市上新川町1-8	地・家裁 0138-38-2370 簡裁 0138-38-2340
函館家庭裁判所松前出張所 松前簡易裁判所	049-1501	松前郡松前町字建石48	0139-42-2122
函館家庭裁判所八雲出張所 八雲簡易裁判所	049-3112	二海郡八雲町末広町184	0137-62-2494
函館家庭裁判所寿都出張所 寿都簡易裁判所	048-0401	寿都郡寿都町字新栄町209	0136-62-2072
函館地方裁判所江差支部 函館家庭裁判所江差支部 江差簡易裁判所	043-0043	檜山郡江差町字本町237	0139-52-0174
旭川地方裁判所 旭川家庭裁判所 旭川簡易裁判所	地裁 070-8640 家裁 070-8641 簡裁 070-8642	旭川市花咲町4	0166-51-6251
旭川家庭裁判所深川出張所 深川簡易裁判所	074-0002	深川市2条1-4	0164-23-2813
旭川家庭裁判所富良野出張所 富良野簡易裁判所	076-0018	富良野市弥生町2-55	0167-22-2209
旭川地方裁判所留萌支部 旭川家庭裁判所留萌支部 留萌簡易裁判所	077-0037	留萌市沖見町2	0164-42-0465
旭川地方裁判所稚内支部 旭川家庭裁判所稚内支部 稚内簡易裁判所	097-0002	稚内市潮見1-3-10	0162-33-5289
旭川家庭裁判所天塩出張所 天塩簡易裁判所	098-3303	天塩郡天塩町新栄通7	01632-2-1146
旭川地方裁判所紋別支部 旭川家庭裁判所紋別支部 紋別簡易裁判所	094-0006	紋別市潮見町1-5-48	0158-23-2856
旭川地方裁判所名寄支部 旭川家庭裁判所名寄支部 名寄簡易裁判所	096-0014	名寄市西4条南9	01654-3-3331
旭川家庭裁判所中頓別出張所 中頓別簡易裁判所	098-5551	枝幸郡中頓別町字中頓別166-5	01634-6-1626
釧路地方裁判所 釧路家庭裁判所 釧路簡易裁判所	085-0824	釧路市柏木町4-7	0154-41-4171
釧路地方裁判所根室支部 釧路家庭裁判所根室支部 根室簡易裁判所	087-0026	根室市敷島町2-3	0153-24-1617

裁判所名		所在地	電話番号
釧路家庭裁判所標津出張所 標津簡易裁判所	086-1632	標津郡標津町北2条西1-1-17	0153-82-2046
釧路地方裁判所帯広支部 釧路家庭裁判所帯広支部 帯広簡易裁判所	080-0808	帯広市東8条南9-1	0155-23-5141
釧路家庭裁判所本別出張所 本別簡易裁判所	089-3313	中川郡本別町柳町4	0156-22-2064
釧路地方裁判所北見支部 釧路家庭裁判所北見支部 北見簡易裁判所	090-0065	北見市寿町4-7-36	0157-24-8431
釧路家庭裁判所遠軽出張所 遠軽簡易裁判所	099-0403	紋別郡遠軽町1条通北2-3-25	0158-42-2259
釧路地方裁判所網走支部 釧路家庭裁判所網走支部 網走簡易裁判所	093-0031	網走市台町2-2-1	0152-43-4115
高松地方裁判所	760-8586	高松市丸の内1-36	087-851-1537
高松家庭裁判所 高松簡易裁判所	家裁 760-8585 簡裁 760-8586	高松市丸の内2-27	家裁 087-851-1631 簡裁 087-851-1848
高松家庭裁判所土庄出張所 土庄簡易裁判所	761-4121	小豆郡土庄町淵崎甲1430-1	0879-62-0224
高松地方裁判所丸亀支部 高松家庭裁判所丸亀支部 丸亀簡易裁判所	763-0034	丸亀市大手町3-4-1	地裁 0877-23-5270 家裁 0877-23-5340 簡裁 0877-23-5113
善通寺簡易裁判所	765-0013	善通寺市文京町3-1-1	0877-62-0315
高松地方裁判所観音寺支部 高松家庭裁判所観音寺支部 観音寺簡易裁判所	768-0060	観音寺市観音寺町甲2804-1	地・簡裁 0875-25-3467 家裁 0875-25-2619
徳島地方裁判所 徳島家庭裁判所 徳島簡易裁判所	770-8528	徳島市徳島町1-5-1	088-603-0111
鳴門簡易裁判所	772-0017	鳴門市撫養町立岩字七枚115	088-686-2710
吉野川簡易裁判所	779-3301	吉野川市川島町川島588	0883-25-2914
徳島地方裁判所阿南支部 徳島家庭裁判所阿南支部 阿南簡易裁判所	774-0030	阿南市富岡町西池田口1-1	0884-22-0148
徳島家庭裁判所牟岐出張所 牟岐簡易裁判所	775-0006	海部郡牟岐町大字中村字本村 54-2	0884-72-0074
徳島地方裁判所美馬支部 徳島家庭裁判所美馬支部 美馬簡易裁判所	779-3610	美馬市脇町大字脇町1229-3	0883-52-1035
徳島家庭裁判所池田出張所 徳島池田簡易裁判所	778-0002	三好市池田町マチ2494-7	0883-72-0234
高知地方裁判所 高知家庭裁判所 高知簡易裁判所	780-8558	高知市丸ノ内1-3-5	088-822-0576
高知地方裁判所安芸支部 高知家庭裁判所安芸支部 安芸簡易裁判所	784-0003	安芸市久世町9-25	0887-35-2065
高知地方裁判所須崎支部 高知家庭裁判所須崎支部 須崎簡易裁判所	785-0010	須崎市鍛治町2-11	0889-42-0046
高知地方裁判所中村支部 高知家庭裁判所中村支部 中村簡易裁判所	787-0028	四万十市中村山手通54-1	地・簡裁 0880-35-3007 家裁 0880-35-4741

裁判所名	所在地		電話番号
松山地方裁判所 松山簡易裁判所	790-8539	松山市一番町3-3-8	地裁 089-903-4379 簡裁 089-903-4373
松山家庭裁判所	790-0006	松山市南堀端町2-1	089-942-0083
松山地方裁判所大洲支部 松山家庭裁判所大洲支部 大洲簡易裁判所	795-0012	大洲市大洲845	0893-24-2038
八幡浜簡易裁判所	796-0041	八幡浜市裁判所通1550-6	0894-22-0176
松山地方裁判所今治支部 松山家庭裁判所今治支部 今治簡易裁判所	794-8508	今治市常盤町4-5-3	0898-23-0010
松山地方裁判所西条支部 松山家庭裁判所西条支部 西条簡易裁判所	793-0023	西条市明屋敷165	地・簡裁 0897-56-0652 家裁 0897-56-0696
新居浜簡易裁判所	792-0023	新居浜市繁本町2-1	0897-32-2743
四国中央簡易裁判所	799-0405	四国中央市三島中央5-4-28	0896-23-2335
松山地方裁判所宇和島支部 松山家庭裁判所宇和島支部 宇和島簡易裁判所	798-0033	宇和島市鶴島町8-16	地・簡裁 0895-22-0091 家裁 0895-22-4466
松山家庭裁判所愛南出張所 愛南簡易裁判所	798-4131	南宇和郡愛南町城辺甲3827	0895-72-0044

裁判所データブック　2021　　　　書籍番号　500323

令和３年８月31日　第１版第１刷発行

編　集　最高裁判所事務総局
発行人　門　田　友　昌

発行所　一般財団法人　法　曹　会
〒100-0013　東京都千代田区霞が関１-１-１
振替口座　00120-0-15670
電　話　03-3581-2146
http://www.hosokai.or.jp/

落丁・乱丁はお取替えいたします。　　　　印刷製本／㈱弘文社

ISBN 978-4-86684-074-1